EN BALLADES

MOUSTAKI

EN BALLADES
1
DE 1953 À 1975

PRÉFACE DE
JEROME CHARYN

ILLUSTRATIONS
DE L'AUTEUR

MISE EN PAGE
DE
JEAN-JACK MARTIN

CHRISTIAN PIROT
ÉDITEUR

IL existe encore des poètes.
Mais ils se cachent çà et là entre deux pierres ou dans des trous d'aiguille. On les traque sans relâche. (Pères indignés. Faut embrasser une carrière. Gagner sa vie. Que vont dire les gens !)

Ils meurent presque tous très jeunes, les poètes, et l'homme leur survit comme on raconte. Bien sûr, un certain nombre échappe au massacre.

Et alors on les fête, comme une victoire nationale. On les cajole, on les appelle « cher maître » au sérieux, on se délecte à les écouter chanter leur feu ni lieu d'avant la ratification. (Les bourgeois sont troublés de voir passer les gueux de Richepin ou d'ailleurs). Mais quand ils n'en menaient pas large, on leur fermait la porte au nez.

Moustaki en est un. Il a eu vingt ans tout à l'heure et c'est plus difficile qu'on ne le suppose. (Le petit cheval de Paul Fort, dans le mauvais temps, qu'il avait donc du courage). Il écrit des chansons entre les lignes. Il aurait pu bâcler des insanités et se faire chanter par la canaille lyrique. Il a choisi les chemins escarpés, les chemins coupés. Il fait confiance au public. Il aura sa récompense.

Un temps viendra où les chiens auront besoin de leur queue et de Moustaki, poète inébranlable, et ceux qui s'apprêtent à le mordre aujourd'hui lui passeront la main dans les cheveux, s'il lui en reste.

Soyez bon pour les animaux, même les tigres. Chante Moustaki. Ta chanson s'envolera vers des oreilles. Le temps s'en charge. Tu n'es pas seul. Écoute Guy Charles-Cros.

« Avec des mots chantés à voix profonde et douce
Avant qu'un peu de terre emplisse notre bouche
Confier à la vie notre lucide amour,
C'est là notre travail sans trêve et notre fête,
Notre raison de vivre et de mourir poète,
Notre unique et divin recours. »

Mai 1954.

GEORGES BRASSENS

PRÉFACE

Georges Moustaki
is an enchanter, a modern Rimbaud born in Alexandria, that great city of poets and other criers, vagabonds, minstrels, and eternal wanderers :

Mais j'ai toujours une valise
J'improvise

His songs have a killing softness, a sweet bite, that can only be found in those precious minstrels whose real home is their music :

Je ne suis qu'un lézard
qui joue de la guitare

The dream of Alexandria always remains in his head.

Le parfum les odeurs les cris...
Arabes Grecs Juifs Italiens
Tous bons Méditerranéens
Tous compagnons du même bord
L'amour et la folie d'abord

And he himself has remained the métèque. That has been his charm, his wound, his frailty. His language seems to have been composed out of some invisible ink, his own « chanson douce amère ». It is the language of solitude.

Je crie ma solitude en lettres de noblesse
Je crie mon insomnie dans la nuit indifférente

He sings of « sirènes androgynes », who can never really soothe him. He can only soothe himself.

Lorsque j'en ai marre
Je gratte ma guitare

He is always outside other people's *business*, « sans projets et sans habitude », like some lost aristocrat of his dreams.

Comme un prince en disgrâce
Comme un ange déchu

That's why his words always seem to move us ; he welcomes us into his universe, and for a few moments we live inside Moustaki's skin, become that *lézard* with a guitar.

Dans le silence épais comme un point d'orgue
Le langage est approximatif

But Moustaki himself is never « approximatif ». We can feel the bones of his face in almost every line. His songs make a bittersweet biography. They bring us closer and closer to that métèque and his spirit of Alexandria. And we, métèques in our very own way, long for our own « ange déchu ».

J E R O M E   C H A R Y N

IMAGES

tu connais bien Paris la nuit
Paris qui chante et t'éclabousse
de la lumière

tu connais bien Paris la faim
Paris qui meurt sur un trottoir
ou sous un pont

tu connais bien Paris le jour
Paris qui passe indifférent
de ta misère

bien trop pressé tu le sais bien
Paris l'argent et les affair's
et toi fauché

tu connais bien Paris qui fum'
ses cheminées couvert's de suie
Paris qui peine

tu connais bien Paris la nuit
dans la prison dans le silence
et dans le froid

tu connais bien les jours sans fin
les jours bizarr's sans horizon
qui désespèrent

tu connais bien l'eau qui sourit
plein' de promess's qui vous attir'
dans son sourire

tu connais bien Paris meurtri
Paris en sang
Paris qui hurle de colère

tu connais bien Paris qui rêv'
Paris qui dit des mots d'amour
Paris qui aime

tu connais bien Paris qui va

EDEN BLUES

à John Steinbeck

en descendant le fleuve argent
qui roule jusqu'au Nevada
on voit la plaine qui s'étend
à l'est de Santa Lucia
les villes s'appellent Natividad,
San Miguel ou San Lorenzo
les filles s'appellent Soledad,
les garçons gardent les troupeaux

c'est là que Jim a rencontré
sur une route un soir de pluie
Catherine la fille d'un fermier
et qu'ils s'aimèrent toute la nuit
le soleil fait briller son or
dans quelques rares flaques d'eau
le cactus forme le décor
le chardon couvre les coteaux

c'est là qu'Adam le sénateur
est venu finir ses vieux jours
puis il est mort d'un coup au cœur
on prétend qu'c'est du mal d'amour
mais les fleurs couchées par le vent
semblent prier pour son repos
la lune verse une larme d'argent
sur la croix blanche du tombeau

en descendant le fleuve argent
qui roule jusqu'au Nevada
on voit la plaine qui s'étend
à l'est de Santa Lucia
les villes s'appellent Natividad,
San Miguel ou San Lorenzo
les filles s'appellent Soledad,
les garçons gardent les troupeaux

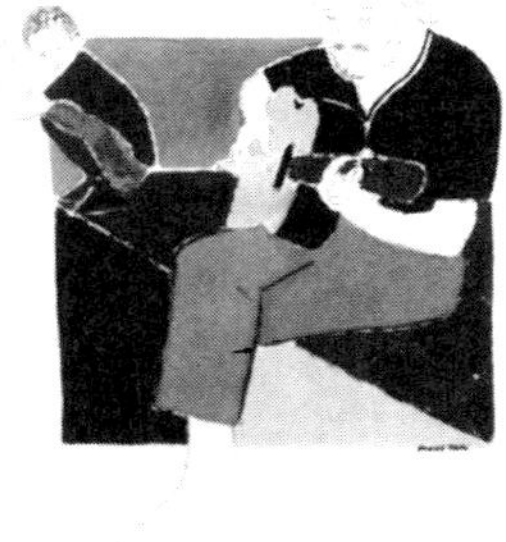

LES ORTEILS AU SOLEIL

je laisse jouer mes orteils
dans les trous de mes espadrilles
pour qu'ils voient un peu le soleil
comment qu'il brille

pendant c'temps-là j'bâille aux corneilles
oh ! ce n'est pas que je m'ennuie
mais je pass' des nuits sans sommeil
avec les filles

au petit jour
les fill's rentrent chez elles
comme les hirondelles
quand l'hiver est d'retour

je reste là
sans trop savoir que faire
j'm'allong' dans les fougères
sans rien faire et voilà

je laisse jouer mes orteils
dans les trous de mes espadrilles
moi j'ai un faibl' pour le soleil
et pour les filles

quand j'aurai plus du tout d'oseille
et mangé ma dernièr' myrtille
quand j'aurai bu tout's mes bouteilles
jusqu'à la lie

quand j'pourrai plus prendre aux abeilles
un rayon d'miel pour mes tartines
je dormirai sous le soleil
et qui dort dîne

rêvant tout haut
du pays des merveilles
où mes joyeux orteils
seront toujours au chaud

rêvant à cell'
qui m'offrira sa bouche
son corps et puis sa couche
et ses baisers de miel

je laisse jouer mes orteils
dans les trous de mes espadrilles
moi j'ai un faibl' pour le soleil
et pour les filles

c'est pourquoi j'irai à Marseille
ou m'embarqu'rai pour les Antilles
paraît qu'là-bas c'est plein d'soleil
et plein de filles

DONNE DU RHUM À TON HOMME

Refrain

donne du rhum à ton homme
du miel et du tabac
donne du rhum à ton homme et tu verras comme
il t'aimera

y'a des fill's sur le port
si belles et si gentilles
tout sourire dehors
sentant bon la vanille
et ton homme n'est pas de bois
il les regarde d'un œil tendre
si tu veux le garder pour toi
donne donne-lui sans attendre

Au refrain

i't'donn'ra des bijoux
des colliers qui scintillent
qu'il ramèn' du Pérou
de Cuba des Antilles
mais pour te donner de l'amour
faut qu'il se repose du voyage
avant d'lui offrir à ton tour
tous les trésors de ton corsage

Au refrain

quell' nuit que cette nuit-là
on en parl' dans la ville
même on exagèr'ra
sa tendresse virile

car pour l'heur' il est fatigué
il sombre dans la somnolence
dès que tu l'auras réveillé
si tu veux que ça recommence

Au refrain

quand il va repartir
te laissant pauvre fille
seule avec le souv'nir
et l'collier d'pacotille
au moment de vous séparer
pour des mois de longues semaines
donne-lui bien sûr des baisers
mais si tu veux qu'il te revienne
mais si tu veux qu'il te revienne

Au refrain

IL N'Y A PLUS D'AMANDES

à Mirose

il n'y a plus d'amandes
les écureuils ont tout mangé
et les oiseaux ont ravagé
les vignes qui s'étendent
jusqu'au prochain verger

le foin sent la lavande
ta gorge chaude l'oranger
mes lèvres vont se mélanger
à tes lèvres gourmandes
rien ne viendra nous déranger

le vieux moulin à vent
ne battra plus des ailes
le seau rouillé sur sa margelle
ne grincera plus comme avant
les écureuils au coin du feu
s'endorment viens faisons comme eux

je te fais une guirlande
de fleurs des champs de fleurs des prés
et nos deux corps sont bien trop près
et notre faim si grande
ne nous faisons plus désirer

il n'y a plus d'amandes
les écureuils ont tout mangé
mais j'en aurai en contrebande
pour t'y faire goûter
sans attendre l'été

LES ORGUES DE BARBARIE

les orgues de Barbarie
qui tournaient dans les rues
ont chanté leurs amours
et puis ont disparu
seule entre ses deux murs
une ruelle obscure
va glissant dans le noir
retrouver son boulevard
une tendre chanson
qui n'est pas née d'hier
fait revivre un instant
tous ceux-là qui s'aimèrent
un deux trois petits tours
les orgues de Barbarie
connaissent bien la magie
des vieilles rues de Paris

les orgues de Barbarie
ce n'est pas les grandes orgues
mais leurs refrains rouillés
savent si bien chanter
tourne la manivelle
des morceaux de chanson
à l'ombre des ruelles
jouent les belles partitions
tandis qu'elles s'égosillent
au milieu du boulevard
des garçons et des filles
dansent sur les trottoirs

un deux trois petits tours
les orgues de Barbarie
c'est une symphonie
pour les rues de Paris

les orgues de Barbarie
ont perdu leur musique
à force de tourner
dans les rues de Paris
les années ont passé
les refrains ont vieilli
mais les orgues du passé
hantent souvent la nuit
parfois deux amoureux
quand ils s'aiment très fort
peuvent les entendre encore
jouer rien que pour eux
un deux trois petits tours
orgues de Barbarie
je vous entends toujours
dans les rues de Paris

LA CHANSON DE PATSY

dans l'quartier chinois
y'a un vieux bistrot
où le pianist' n'est pas manchot
l'enseigne est en bois
et fait d'l'œil aux gars
qui débarquent de leur cargo
pour quelque monnaie
ils peuv'nt applaudir
Patsy qu'est belle à en mourir
il faut pas compter
l'avoir pour la peau
Patsy n'a jamais fait de cadeau

« mais pour un dollar »
chante Patsy qu'est pas bégueule
« mon p'tit marin tu s'ras moins seul
j'ai de l'amour dans mes bas noirs
paie-moi un whisky
je te f'rai oublier tes peines
tu peux t'offrir Patsy la reine
rein' du bitum', c'est dans tes prix
c'est vu, c'est joué, c'est dans le sac
nous aurons du bonheur en vrac
et puisqu'on est entre vauriens
je te chant'rai l'amour des filles de rien »

« rien qu' pour un dollar »
chante Patsy qu'est pas bégueule
« pour toi aussi qu'as un' bell' gueule
j'ai de l'amour dans mes bas noirs

paie-moi un whisky
je sais qu' tu tomb's toutes les femmes
surtout cell's avec de gros diams
mais moi c'est pas pareil chéri
je te ferai des tas d'manières
ça te chang'ra d'tes héritières
et si t'es pas trop maladroit
je te chant'rai l'amour des hors-la-loi »

avec mes dollars
j'vous laiss'rai tous dans la purée
j'mettrai ma jolie rob' plissée
et j'm'en irai faire le lézard
avec un paumé
qui m'aim', que j'aim', c'est vrai qu'on s'aime
fait's pas vos gueules ce Carême
dès ce soir je vous reviendrai
et si vous avez le cœur gros
j'vous chant'rai le blues à gogo
et si vous avez le cœur lourd
je vous chant'rai l'amour de l'amour

MILORD

allez venez Milord
vous asseoir à ma table
il fait si froid dehors
ici c'est confortable
laissez-vous fair' Milord
et prenez bien vos aises
vos peines sur mon cœur
et vos pieds sur un' chaise
je vous connais Milord
vous n'm'avez jamais vue
je n'suis qu'un' fill' du port
une ombre de la rue

pourtant j'vous ai frôlé
quand vous passiez hier
vous n'étiez pas peu fier
dam' le ciel vous comblait
votre foulard de soie
flottant sur vos épaules
vous aviez le beau rôle
on aurait dit le roi
vous marchiez en vainqueur
au bras d'un' demoiselle
mon Dieu qu'elle était belle
j'en ai froid dans le cœur

allez venez Milord
vous asseoir à ma table
il fait si froid dehors
ici c'est confortable

laissez-vous fair' Milord
et prenez bien vos aises
vos peines sur mon cœur
et vos pieds sur un' chaise
je vous connais Milord
vous n'm'avez jamais vue
je n'suis qu'un' fill' du port
une ombre de la rue

dir' qu'il suffit parfois
qu'il y ait un navire
pour que tout se déchire
quand le navire s'en va
il emm'nait avec lui
la douce aux yeux si tendres
qui n'a pas su comprendre
qu'elle brisait votre vie
l'amour ça fait pleurer
comme quoi l'existence
ça vous donn' tout's les chances
pour les reprendre après

allez venez Milord
vous avez l'air d'un môme
laissez-vous fair' Milord
venez dans mon royaume
je soigne le remords
je chante la romance
je chante les Milords
qui n'ont pas eu de chance
regardez-moi Milord
vous n'm'avez jamais vue
mais vous pleurez Milord
ça j'l'aurais jamais cru

JE M'APPELLE DAYSIE

je m'appelle Daysie
des bords de la Tamise
pour ceux que ça dépayse
ceux qui paient en penny
je parle de Soho
avec des mots d'anglais
les trois mots que je sais
« darling I love you so »

je m'appelle Daysie
mais au prochain bateau
je m'appellerai Marie
pour les gars de Bordeaux
tous les prénoms se valent
les miens changent souvent
à chaque nouvelle escale
à chaque nouvel amant

je m'appelle Daysie
Ingrid ou Maria
d'où je viens qui je suis
personne ne le saura
je suis ce que l'on veut
tout ce que l'on demande
je suis une légende
au pays des cols bleus

je les appelle chéris
je ne sais pas dire non
quand ils viennent ici
oublier leur bourdon

j'en ai tant inventé
pour consoler leurs peines
j'en ai tant raconté
que je m'y perds moi-même

je m'appelle Daysie
la fille à tout le monde
je suis rousse brune ou blonde
selon ce que l'on a choisi
je suis une âme sœur
garantie d'origine
et j'offre même en prime
un petit peu de mon cœur

je donne chaque nuit
un bal dans ma ruelle
et plus il y a de bruit
et plus la vie est belle
j'étouffe dans leurs cris
et je noie dans leurs rires
le souvenir de celui
qui n'est plus qu'un souvenir

NINI

lorsque Nini la reine
prenait l'accordéon
pour nous jouer les Marlène
en y mettant le ton
ça noyait toutes les peines
de tous les vagabonds
au fond de sa rengaine
au creux de ses jupons
lorsque Nini la douce
faisait du sentiment
il y avait des secousses
dans tous les palpitants
et les mots de sa bouche
étaient si caressants
que même les plus farouches
y croyaient un instant
lorsque Nini la belle
vous faisait les doux yeux
des milliers d'étincelles
illuminaient les cieux
par toutes les ruelles
rappliquaient les curieux
qui rendaient grâce à dieu
en frôlant ses dentelles
lorsque Nini s'est tue
une larme a coulé
personne n'y a cru
et tous ont rigolé
sa chanson s'est perdue
ses beaux yeux ont pleuré

et pas un seul n'a su
que c'était pour de vrai
vas-y Nini
que ta chanson ne soit jamais finie
vas-y petite sœur
on te renverra l'ascenseur
vas-y Nini
encore Nini

POURQUOI MON DIEU

oh toi qui sais combien mon Dieu c'est fragile un amour
pourquoi l'avoir laissé mourir sans lui porter secours
c'était un fleuve ivre de vie
mais la source s'est tarie
oh mon Dieu pourquoi mon Dieu
il n'y a plus que l'amertume
dans mon cœur qui se consume
oh mon Dieu pourquoi mon Dieu
qu'adviendra-t-il de moi mon Dieu
qu'adviendra-t-il de moi de nous
on peut sourire on peut souffrir
on peut mourir d'un souvenir
pourquoi mon Dieu pourquoi mon Dieu

oh toi qui sais combien mon Dieu c'est fragile un amour
pourquoi l'avoir laissé brûler au soleil de mes jours
il n'y a plus que son ombre
portant le chagrin du monde
oh mon Dieu pourquoi mon Dieu
je n'ose même plus attendre
qu'il renaisse de ses cendres
oh mon Dieu pourquoi mon Dieu
qu'adviendra-t-il de moi mon Dieu
qu'adviendra-t-il de moi de nous
on peut sourire on peut souffrir
on peut mourir d'un souvenir
pourquoi mon Dieu pourquoi mon Dieu

pourquoi mon Dieu...

Traduit du grec. Texte original de Manos Hadjidakis.

LA CARTE DU TENDRE

à Dominique

le long du fleuve qui remonte
par les rives de la rencontre
aux sources d'émerveillement
on voit dans le jour qui se lève
s'ouvrir tout un pays de rêve
le tendre pays des amants
on part avec le cœur qui tremble
du bonheur de partir ensemble
sans savoir ce qui nous attend
ainsi commence le voyage
semé d'écueils et de mirages
de l'amour et de ses tourments

quelques torrents de médisance
viennent déchirer le silence
essayant de tout emporter
et puis on risque le naufrage
lorsque le vent vous mène au large
des îles d'infidélité
plus loin le courant vous emporte
vers les rochers de la discorde
et du mal à se supporter
enfin la terre se dénude
c'est le désert de l'habitude
l'ennui y a tout dévasté

quand la route paraît trop longue
il y a l'escale du mensonge
l'auberge de la jalousie
on y déjeune de rancune
et l'on s'enivre d'amertume
l'orgueil vous y tient compagnie
mais quand tout semble à la dérive
le fleuve roule son eau vive
et l'on repart à l'infini
où l'on découvre au bord du Tendre
le jardin où l'on peut s'étendre
la terre promise de l'oubli
l'oubli
l'oubli

LE FACTEUR

le jeune facteur est mort
il n'avait que dix-sept ans

l'amour ne peut plus voyager
il a perdu son messager

c'est lui qui venait chaque jour
les bras chargés de tous mes mots d'amour
c'est lui qui portait dans ses mains
la fleur d'amour cueillie dans ton jardin

il est parti dans le ciel bleu
comme un oiseau enfin libre et heureux
et quand son âme l'a quitté
un rossignol quelque part a chanté

je t'aime autant que je t'aimais
mais je ne peux le dire désormais

il a emporté avec lui
les derniers mots que je t'avais écrits

il n'ira plus sur les chemins
fleuris de roses et de jasmin
qui mènent jusqu'à ta maison
l'amour ne peut plus voyager
il a perdu son messager
et mon cœur est comme en prison

il est parti l'adolescent
qui t'apportait mes joies et mes tourments
l'hiver a tué le printemps
tout est fini pour nous deux maintenant

Traduit du grec. Texte original de Manos Hadjidakis.

LA MER M'A DONNÉ

la mer m'a donné
sa carte de visite
pour me dire je t'invite
à voyager

j'ai de grands chevaux
à la crinière blanche
et puis j'ai dans ma manche
tant de bateaux

j'ai du vent qui enivre
ceux qui veulent me suivre
dans l'illusion facile
de la douceur des îles

terres inconnues
où les filles les moins sages
vivent sur le rivage
à moitié nues

la mer m'a donné
une carte du monde
mystérieuse et ronde
comme un galet

mais je t'ai trouvée
étendue sur le sable
fragile et désirable
je t'ai désirée

plus belle qu'un voyage
plus douce et plus sauvage
plus calme et plus cruelle
que la mer qui m'appelle

dans tes yeux ouverts
le ciel était bleu-tendre
tu m'as laissé te prendre
comme on prend la mer
comme on prend la mer
comme on prend la mer

DE L'EAU DE L'EAU

j'ai traversé plus d'une fois le désert
pour retrouver tous les trésors enfouis
les fabuleuses richesses millénaires
mais je n'ai plus qu'un seul rêve la nuit
de l'eau de l'eau de l'eau
de l'eau fraîche pour ma gorge
qui se dessèche de l'eau par pitié
de l'eau

le ciel trop clair le soleil trop brûlant
m'ont aveuglé m'ont fait perdre l'esprit
je donnerais mon or pour une caresse de vent
et pour calmer la soif qui me poursuit
de l'eau de l'eau fraîche pour ma gorge
qui se dessèche de l'eau par pitié
de l'eau

un jour je sais la vie quittera mon corps
en plein milieu de ce maudit désert
le sable blanc sera mon lit de mort
mais je verrai par mes yeux entrouverts
de l'eau de l'eau de l'eau
de l'eau fraîche pour ma gorge
qui se dessèche de l'eau pitié
de l'eau

alors mon Dieu qui m'accueillerez là-haut
faites qu'avant que je quitte la terre
je puisse entendre la chanson de l'eau
et découvrir au creux d'une rivière
de l'eau de l'eau de l'eau

VOTRE FILLE

à Michelle A.

votre fille a vingt ans que le temps passe vite
madame hier encore elle était si petite
et ses premiers tourments sont vos premières rides
madame
et vos premiers soucis

chacun de ses vingt ans pour vous a compté double
vous connaissez déjà tout ce qu'elle découvre
vous avez oublié les choses qui la troublent
madame
et vous troublaient aussi

on la trouvait jolie voici qu'elle est belle
pour un individu presque aussi jeune qu'elle
un garçon qui ressemble à celui pour lequel
madame
vous aviez embelli

ils se font un jardin d'un coin de mauvaise herbe
nouant la fleur de l'âge en un bouquet superbe
il y a longtemps que nul ne vous a mise en gerbe
madame
le printemps vous oublie

chaque nuit qui vous semble à chaque nuit semblable
pendant que vous rêvez vos rêves raisonnables
de plaisir et d'amour ils se rendent coupables
madame
au creux du même lit

mais coupables jamais n'ont eu tant d'innocence
aussi peu de regrets et tant d'insouciance
qu'ils ne demandent même pas votre indulgence
madame
pour leurs tendres délits

jusqu'au jour où peut-être à la première larme
à la première peine d'amour et de femme
il ne tiendra qu'à vous de sourire madame
madame
pour qu'elle vous sourie

DANS MON HAMAC

le soleil s'est posé là-haut
léger comme un matin de Pâques
moi je suis couché sur le dos
dans mon hamac
ça dure depuis des années
c'est dans mon signe du zodiaque
peut-être même que je suis né
dans mon hamac
parfois je voudrais travailler
mais y a ma flemme qui contre-attaque
en me glissant un oreiller
dans mon hamac
d'ailleurs à voir les autres faire
je vois bien que ça les détraque
moi j'ai une santé de fer
dans mon hamac
je n'ai pas froid je n'ai pas chaud
je n'ai pas faim je n'ai pas soif
le vent tendrement me décoiffe
et vient me caresser la peau
oui mais l'argent faut pourtant l'trouver
moi j'ai plus d'un tour dans mon sac
j'me fais payer pour le brevet
de mon hamac
c'est un hamac étudié pour
suspendu comme une cadillac
presque une maison un nid d'amour
que mon hamac
aussi lorsqu'il y a dans l'air
un doux parfum aphrodisiaque

on peut voir les feuilles à l'envers
dans mon hamac
et s'il y a de la place pour un
quand on est deux ça tombe et craque
tout compte fait on est aussi bien
sur l'herbe

UN JUPON D'ITALIE

à Pia

un jupon d'Italie
une fille jolie
qui marche nonchalante
qui sourit et qui chante
un jupon qui s'envole
qui tourne en farandole
qui m'entraîne au passage
qui m'emmène en voyage

j'entends les mandolines
et je vois les collines
les jardins les églises
de Rome et de Venise

un jupon d'Italie
aux couleurs de la vie
qui glisse sur ses hanches
comme une voile blanche
un jupon qui se froisse
lorsque mes bras l'enlacent
une bouche hésitante
mais déjà consentante

nous allons nous étendre
sur un lit d'herbe tendre
et je lui dis « je t'aime »
ti voglio tanto bene

ce jupon d'Italie
n'est qu'une rêverie
une dentelle fine
que seul le vent anime
j'y ai vu des mirages
une fille un voyage
un amour de vacances
ça n'a pas d'importance

un jupon d'Italie
une fille jolie
un jupon d'Italie
une fille jolie

LES AMOURS FINISSENT UN JOUR

les amours finissent un jour
les amants ne s'aiment qu'un temps
à quoi bon te regretter
mon bel amour d'un été
voici déjà venir l'hiver
bientôt le ciel sera couvert
de gros nuages plus lourds
que notre chagrin d'amour
les amours finissent un jour
les amants ne s'aiment qu'un temps
à quoi bon penser à moi
il y a d'autres que moi
pour dire les mots que tu attends
pour t'offrir de nouveaux printemps
pour oublier le passé
pour le faire recommencer
les amours finissent un jour
les amants ne s'aiment qu'un temps
à quoi bon se déchirer
pourquoi souffrir ou pleurer
rien de nouveau sous le soleil
tout est tellement tellement pareil
il vaudra mieux désormais
oublier comme on s'aimait
les amours finissent un jour
les amants ne s'aiment qu'un temps
mais nous deux
c'était différent
on aurait pu s'aimer longtemps longtemps longtemps

LA CHANSON DE JÉRÔME

lorsque le feu sera éteint
ce sera le petit matin
je partirai
tu seras encore endormie
dans la tiédeur de notre lit
rideaux tirés
tu souriras dans ton sommeil
tandis qu'un rayon de soleil
dessus les toits
viendra me prendre par la main
pour m'emmener sur les chemins
très loin de toi
je te laisserai ma guitare
pour qu'elle fasse encore croire
à mon retour
pour qu'elle chante en mon absence
à chaque fois que le silence
sera trop lourd
mais je garderai sur ma bouche
le souffle de ta lèvre douce
qui s'offrira
comme une fleur que l'on respire
à chaque fois que ton sourire
me manquera
tu m'as donné en un seul jour
des mille et une nuits d'amour
c'est pour cela
que je pars au petit matin
plutôt que d'attendre la fin
de ce jour-là

pour que rien ne vienne flétrir
le si fragile souvenir
de cet instant
où je fus pour quelques secondes
l'homme le plus heureux du monde
de tous les temps
lorsque le feu sera éteint
ce sera le petit matin
je partirai
tu seras encore endormie
dans la tiédeur de notre lit
rideaux tirés
tu souriras dans ton sommeil
tandis qu'un rayon de soleil
dessus les toits
viendra me prendre par la main
pour m'emmener sur les chemins
très loin de toi

FLAMENCO DES FLANDRES

mille ans déjà
que je suis là
sur la terre des Flandres
soldat du roi
sans foi ni loi
sans plus rien attendre
soldat qui n'a
que ses dix doigts
pour jouer sur sa guitare
le flamenco
dernier écho
d'un reste de mémoire

dans mon pays là-bas très loin
entre la mer et la montagne
il y a la fille que j'aimais bien
qui devait être ma compagne

les filles d'ici
sont bien jolies
on en oublie la guerre
leurs yeux sont bleus
et leurs cheveux
plus blonds que la lumière
pour s'enivrer
au cabaret
on s'offre du genièvre
mais rien n'y fait
pour étouffer
l'air qui monte à mes lèvres

dans mon pays là-bas très loin
entre la mer et la montagne
il y a la fille que j'aimais bien
qui devait être ma compagne

mais si je meurs
au champ d'honneur
dites à mes camarades
qu'ils ne fassent pas
sonner le glas
aux cloches de Grenade

pour demander
l'éternité
suffit d'une guitare
et quelque part
une fille en noir
qui me garde en mémoire

en mi país ahí muy lejos
entre el mar y la montaña
está la niña que yo quería
mais je ne verrai plus l'Espagne

LA PIERRE

devant la pierre abandonnée
fleurie de quelques fleurs fanées
juste une croix qui déchire le vent
mes souvenirs sont les seuls survivants
juste une croix qui déchire le vent
mes souvenirs sont les seuls survivants

combien faudra-t-il de prières
devant la pierre au cœur de pierre
pour éveiller une âme qui s'est tue
dans l'éternel silence des statues
pour éveiller une âme qui s'est tue
dans l'éternel silence des statues

mais rien ne peut plus ranimer
les cendres mortes enfermées
dessous la pierre nue comme la mort
tendre l'amour plus lourde qu'un remords
dessous la pierre nue comme la mort
tendre l'amour plus lourde qu'un remords

devant la pierre abandonnée
fleurie de quelques fleurs fanées
juste une croix qui déchire le vent
mes souvenirs sont les seuls survivants
juste une croix qui déchire le vent
mes souvenirs sont les seuls survivants

Adapté du grec. Texte original de Manos Hadjidakis.

L'ACTEUR

tu ris tu pleures
mais tu as peur
tout brûle en toi
mais tu as froid
tu ne dis rien
mais tu as faim
ton rire est faux
comme un sanglot
mauvais acteur
sans spectateur
tu fais le beau
sans un bravo
tu joues la vie
en tragédie
mais on se lasse
de tes grimaces

comme un pantin
tu tournes en vain
tu cherches encore
de quoi briller
dans le décor de tes regrets

que cherches-tu
pauvre ingénu
n'entends-tu pas
qu'on rit de toi
tu parles haut
mais à quoi bon
c'est ton écho
qui te répond

comme un pantin
tu tournes en vain
sous la couronne
des illusions
tu n'es qu'un homme
à l'abandon

rideaux tirés
masque jeté
la salle est vide
ton cœur se ride
pourquoi tricher
pourquoi mentir
pourquoi chercher
à t'éblouir
mauvais acteur
sans spectateur
on y a cru
on n'y croit plus
tu parles fort
mais à quoi bon
voici la mort
qui te répond
qui te répond qui te répond

Traduit du grec. Texte original de Manos Hadjidakis.

REVELINE

à Valentine

pour un bouquet de lilas
qu'il t'offrit ce jour-là
Reveline
tu as rêvé d'un jardin
fleurissant tes matins
Reveline
pour un petit brin de cour
tu as rêvé d'amour
Reveline
comme si un arc-en-ciel
suffit pour que le ciel
s'illumine

reviens sur terre
ma douce amie
la vie n'est guère
que la vie

avec un soleil pâlot
qui se posait sur l'eau
Reveline
tu as rêvé que l'été
durait l'éternité
Reveline

une balade en bateau
jusqu'au pont de Puteaux
Reveline

t'a fait rêver de croisière
Mexico le Cap Vert
l'Argentine

reviens sur terre
oh ma douce amie
la vie n'est guère
que la vie

lorsque mon cœur s'assombrit
et que je broie du gris
Reveline
je voudrais avoir tes yeux
pour ne voir que du bleu
Reveline
toi qui changes l'eau en vin
toi qui rêves sans fin
Reveline
montre-moi comment tu fais
apprends-moi à rêver
Reveline

ne change guère
oh ma douce amie
la vie n'est guère
que la vie

DIRE QU'IL FAUDRA MOURIR UN JOUR

dire qu'il faudra mourir un jour
quitter sa vie et ses amours
dire qu'il faudra laisser tout ça
pour Dieu seul sait quel au-delà
dire qu'il faudra mourir un jour
dire qu'il faudra mourir un jour
c'est dur à penser il faut bien le dire

dire qu'il faudra rester tout seul
dans la tristesse d'un linceul
sans une fille pour la nuit
sans une goutte de whisky
dire qu'il faudra mourir un jour
dire qu'il faudra mourir un jour
c'est dur à penser il faut bien le dire

dire qu'il faudra bon gré mal gré
finir dans d'éternels regrets
moi qui voudrais plus d'une vie
pour passer toutes mes envies
dire qu'il faudra mourir un jour
dire qu'il faudra mourir un jour
c'est dur à penser il faut bien le dire

dire qu'il faudra mourir d'ennui
en enfer ou au paradis
passer toute une éternité
sans jamais pouvoir se lever
dire qu'il faudra mourir un jour
dire qu'il faudra mourir un jour
c'est dur à penser il faut bien le dire

dire qu'il faudra mourir encore
mourir moi qui suis déjà mort
ouais mort d'amour et de plaisir
de quoi pourrais-je mieux mourir
dire qu'il faudra mourir un jour
dire qu'il faudra mourir un jour
dire qu'il faudra mourir un jour
c'est dur à penser... mon amour

DEMANDE DE RÉPARATION POUR DOMMAGES DE GUERRE

un padre
una madre
dos hermanas
y un hermanito
una casa de madera
dos caballos
una mesa pesada
los libros del abuelo que murió en su cama
una alfombra grande
un sillón ancho
tres camas
y nada mas

un padre / un père
una madre / une mère
dos hermanas / deux sœurs
y un hermanito / et un petit frère
una casa de madera / une maison en bois
dos caballos / deux chevaux
una mesa pesada / une table lourde
los libros del abuelo que murió en su cama /
les livres de grand-père qui est mort dans son lit
una alfombra grande / un grand tapis
un sillón ancho : un fauteuil large
tres camas / trois lits
y nada mas / c'est tout

una alfombra grande
un sillón ancho
tres camas
y nada mas

Adapté de l'hébreu avec Nilda Fernandez. Texte original de Dan Ben-Amots.

LE MARAUDEUR

à Florence

ma demoiselle de bonne tenue
pardonnez-moi d'être venu
faire pousser la mauvaise herbe
dans vos jardins entretenus

d'avoir cueilli dans vos vergers
les tendres fruits effarouchés
qu'à un joli jeune homme imberbe
vous destiniez dans vos projets

si j'ai braconné votre cœur
comm' le dernier des maraudeurs
et si j'ai froissé quelques roses
vos dix-huit ans en sont la cause

pardonne-moi aussi veux-tu
désertant les sentiers battus
d'avoir piétiné les plates-bandes
où vivait la fleur de vertu
mademoiselle de bon aloi
quand c'est l'amour qui fait la loi
j'ai la bouche bien trop gourmande
pour baiser le bout de vos doigts

si j'ai braconné votre cœur
comm' le dernier des maraudeurs
et si j'ai froissé quelques roses
vos dix-huit ans en sont la cause

mademoiselle de bonne tenue
demain quand je ne serai plus
qu'une ombre que le vent disperse
un lointain amour défendu
je demanderai au bon Dieu
que le soleil quitte les cieux
et que la pluie tombe en averse
sur le jardin des jours heureux

quand je braconnais votre cœur
comm' le dernier des maraudeurs
j'y ai laissé un chrysanthème
porter le deuil de mes « je t'aime »

MON ÎLE DE FRANCE

elle n'est même pas au bout du monde
on n'y va pas chercher de l'or
il n'y a pas de plages blondes
ce n'est pas une île au trésor
mon île de France

elle n'est pas dans le Pacifique
ni dans aucun autre océan
on peut y aller en péniche
ou bien couper à travers champs
mon île de France

il n'y a pas de sortilège
qui vous ensorcelle le cœur
l'hiver il tombe de la neige
le printemps ramène les fleurs
mon île de France

lorsque le vent pousse ma voile
sur les vagues des champs de blé
je m'arrête pour une escale
à l'ombre de ses marronniers
mon île de France

là sur un rivage de mousse
l'aventure au bout du sentier
m'offre une fille à la peau douce
et un coin d'herbe pour aimer
mon île de France

adieu Tahiti, Fort-de-France
adieu Doudou et Vahiné
qu'elle est douce ma douce France
depuis que je l'ai rencontrée
mon île de France

elle n'est même pas au bout du monde
on n'y va pas chercher de l'or
il n'y a pas de plages blondes
ce n'est pas une île au trésor
mon île de France

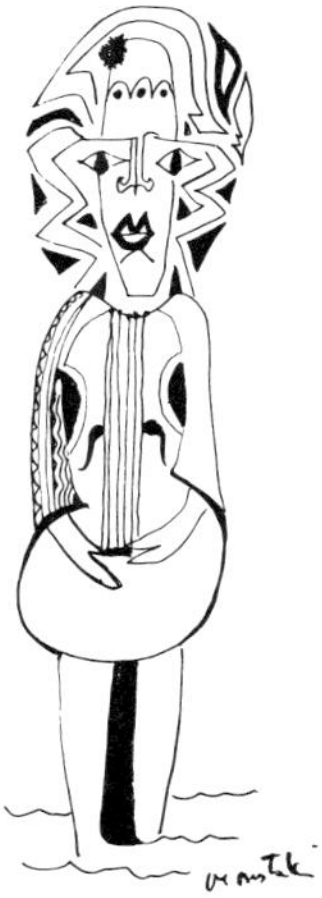

MOI J'AI LE TEMPS

à Serge Reggiani

moi j'ai le temps je vous le donne
il est midi à peine à Rome
et quelque part
il est trop tard
mon âme sœur du bout du monde
j'ai pris la route la plus longue
j'ai pris le temps
à chaque instant

moi j'ai le temps et tout m'étonne
bien que ce soit presque l'automne
mon bel amour
ma belle de jour
je peux bien perdre une seconde
puisque ma route vagabonde
nous a gardé
l'éternité

moi j'ai le temps ma sœur mon âme
de te chercher dans chaque femme
que j'aimerai
que j'oublierai
pour découvrir en toi la source
où je boirai à pleine bouche
pour m'y baigner
pour m'y noyer

moi j'ai le temps je vous le donne
il est déjà minuit à Rome
il se fait tard
et je repars
demain qui sait un jour peut-être
nous saurons bien nous reconnaître
mon bel amour
ma belle de jour
demain qui sait un jour peut-être
tu me feras enfin renaître
ô mon amour

LE MÉTÈQUE

à Marie Green

avec ma gueule de métèque
de juif errant de pâtre grec
et mes cheveux aux quatre vents
avec mes yeux tout délavés
qui me donnent l'air de rêver
moi qui ne rêve plus souvent
avec mes mains de maraudeur
de musicien et de rôdeur
qui ont pillé tant de jardins
avec ma bouche qui a bu
qui a embrassé et mordu
sans jamais assouvir sa faim

avec ma gueule de métèque
de juif errant de pâtre grec
de voleur et de vagabond
avec ma peau qui s'est frottée
au soleil de tous les étés
et tout ce qui portait jupon
avec mon cœur qui a su faire
souffrir autant qu'il a souffert
sans pour cela faire d'histoires
avec mon âme qui n'a plus
la moindre chance de salut
pour éviter le purgatoire

avec ma gueule de métèque
de juif errant de pâtre grec
et mes cheveux aux quatre vents
je viendrai ma douce captive
mon âme sœur ma source vive
je viendrai boire tes vingt ans
et je serai Prince de sang
rêveur ou bien adolescent
comme il te plaira de choisir
et nous ferons de chaque jour
toute une éternité d'amour
que nous vivrons à en mourir
et nous ferons de chaque jour
toute une éternité d'amour
que nous vivrons à en mourir

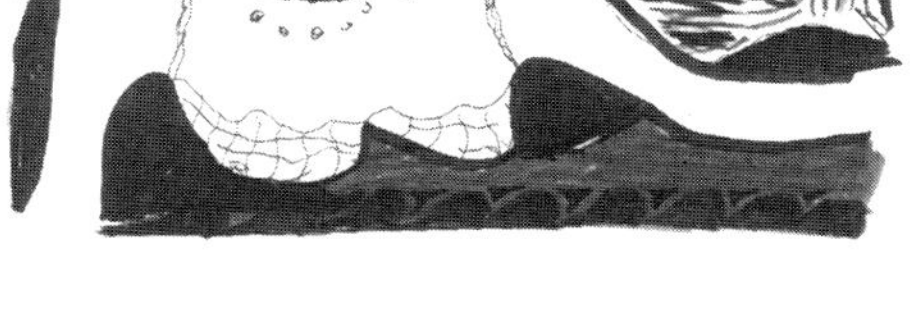

VOYAGE

la fille près de qui je dors
m'enroule dans ses cheveux d'or
comme une araignée dans sa toile
moi j'en appelle à mon étoile
qui me fera trouver le nord

les bateaux reposent encore
dans les eaux profondes du port
épuisés par leurs longs voyages
moi j'en appelle au vent du large
qui me fera quitter le bord

la nuit que déchire l'aurore
n'est plus que l'envers du décor
de tous mes rêves périssables
j'en appelle au désert de sable
qui me fera trouver de l'or
guidé par un commun accord
de tous mes sens insatiables
j'en appelle à Dieu et à Diable
qui me feront trouver la mort

la fille près de qui je dors
m'enroule dans ses cheveux d'or
comme une araignée dans sa toile

MA SOLITUDE

pour avoir si souvent dormi
avec ma solitude
je m'en suis fait presque une amie
une douce habitude
elle ne me quitte pas d'un pas
fidèle comme une ombre
elle m'a suivi çà et là
aux quatre coins du monde

non je ne suis jamais seul
avec ma solitude

quand elle est au creux de mon lit
elle prend toute la place
et nous passons de longues nuits
tous les deux face à face
je ne sais vraiment pas jusqu'où
ira cette complice
faudra-t-il que j'y prenne goût
ou que je réagisse

non je ne suis jamais seul
avec ma solitude

par elle j'ai autant appris
que j'ai versé de larmes
si parfois je la répudie
jamais elle ne désarme
et si je préfère l'amour
d'une autre courtisane

elle sera à mon dernier jour
ma dernière compagne

non je ne suis jamais seul
avec ma solitude

non je ne suis jamais seul
avec ma solitude

IL EST TROP TARD

pendant que je dormais
pendant que je rêvais
les aiguilles ont tourné
il est trop tard
mon enfance est si loin
il est déjà demain
passe passe le temps
il n'y en a plus pour très longtemps

pendant que je t'aimais
pendant que je t'avais
l'amour s'en est allé
il est trop tard
tu étais si jolie
je suis seul dans mon lit
passe passe le temps
il n'y en a plus pour très longtemps

pendant que je chantais
ma chère liberté
d'autres l'ont enchaînée
il est trop tard
certains se sont battus
moi je n'ai jamais su
passe passe le temps
il n'y en a plus pour très longtemps

pourtant je vis toujours
pourtant je fais l'amour
m'arrive même de chanter
sur ma guitare
pour l'enfant que j'étais
pour l'enfant que j'ai fait
passe passe le temps
il n'y en a plus pour très longtemps

pendant que je chantais
pendant que je t'aimais
pendant que je rêvais
il était encore temps

SARAH

la femme qui
est dans mon lit
n'a plus vingt ans
depuis longtemps
les yeux cernés
par les années
par les amours
au jour le jour
la bouche usée
par les baisers
trop souvent mais
trop mal donnés
le teint blafard
malgré le fard
plus pâle qu'une
tache de lune

la femme qui
est dans mon lit
n'a plus vingt ans
depuis longtemps
les seins trop lourds
de trop d'amours
ne portent pas
le nom d'appas
le corps lassé
trop caressé
trop souvent mais
trop mal aimé

le dos voûté
semble porter
les souvenirs
qu'elle a dû fuir

la femme qui
est dans mon lit
n'a plus vingt ans
depuis longtemps
ne riez pas
n'y touchez pas
gardez vos larmes
et vos sarcasmes
lorsque la nuit
nous réunit
son corps ses mains
s'offrent aux miens
et c'est son cœur
couvert de pleurs
et de blessures
qui me rassure

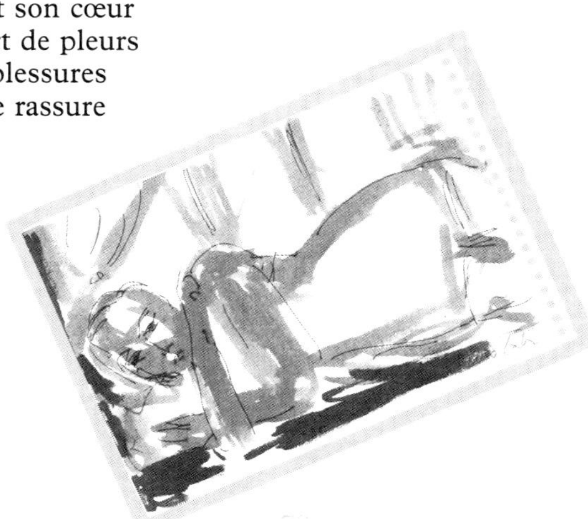

MA LIBERTÉ

ma liberté
longtemps je t'ai gardée
comme une perle rare
ma liberté
c'est toi qui m'as aidé
à larguer les amarres
pour aller n'importe où
pour aller jusqu'au bout
des chemins de fortune
pour cueillir en rêvant
une rose des vents
sur un rayon de lune
ma liberté
devant tes volontés
mon âme était soumise
ma liberté
je t'avais tout donné
ma dernière chemise
et combien j'ai souffert
pour pouvoir satisfaire
tes moindres exigences
j'ai changé de pays
j'ai perdu mes amis
pour gagner ta confiance
ma liberté
tu as su désarmer
toutes mes habitudes
ma liberté
toi qui m'as fait aimer
même la solitude

toi qui m'as fait sourire
quand je voyais finir
une belle aventure
toi qui m'as protégé
quand j'allais me cacher
pour soigner mes blessures
ma liberté
pourtant je t'ai quittée
une nuit de décembre
j'ai déserté
les chemins écartés
que nous suivions ensemble
lorsque sans me méfier
les pieds et poings liés
je me suis laissé faire
et je t'ai trahi pour
une prison d'amour
et sa belle geôlière

et je t'ai trahi pour
une prison d'amour
et sa belle geôlière

JOSEPH

voilà c'que c'est mon vieux Joseph
que d'avoir pris la plus jolie
parmi les filles de Galilée
celle qu'on appelait Marie

tu aurais pu mon vieux Joseph
prendre Sarah ou Déborah
et rien ne serait arrivé
mais tu as préféré Marie

tu aurais pu mon vieux Joseph
rester chez toi tailler ton bois
plutôt que d'aller t'exiler
et te cacher avec Marie

tu aurais pu mon vieux Joseph
fair' des petits avec Marie
et leur apprendre ton métier
comme ton père te l'avait appris

pourquoi a-t-il fallu Joseph
que ton enfant cet innocent
ait eu ces étranges idées
qui ont tant fait pleurer Marie

parfois je pense à toi Joseph
mon pauvre ami lorsque l'on rit
de toi qui n'avait demandé
qu'à vivre heureux avec Marie

LE TEMPS DE VIVRE

à Henia

nous prendrons le temps de vivre
d'être libres mon amour
sans projets et sans habitudes
nous pourrons rêver notre vie

viens je suis là
je n'attends que toi
tout est possible
tout est permis

viens écoute ces mots qui vibrent
sur les murs du mois de mai
ils nous disent la certitude
que tout peut changer un jour

viens je suis là
je n'attends que toi
tout est possible
tout est permis

nous prendrons le temps de vivre
d'être libres mon amour
sans projets et sans habitudes
nous pourrons rêver notre vie

J'AI VU DES ROIS SERVILES

j'ai vu des rois serviles et des mendiants superbes
j'ai respiré des roses au creux des mauvaises herbes
et j'ai senti le vent sur mon visage imberbe
fils d'un fleuve tranquille et d'une forêt vierge
arbre déraciné je vais de berge en berge
sans jamais m'arrêter à l'une ou l'autre auberge

j'ai traversé la terre
sans jamais rendre compte
de ma faim de ma soif
de ma peur de ma honte
n'attendez pas ce soir
que je vous les raconte

c'est pour toi mon amie ma douloureuse absente
pour conjurer l'oubli c'est pour toi que je chante
avant de retrouver ma route nonchalante

j'ai vu des rois serviles et des mendiants superbes
j'ai respiré des roses au creux des mauvaises herbes
et j'ai senti le vent sur mon visage imberbe

EN MÉDITERRANÉE

dans ce bassin où jouent des enfants aux yeux noirs
il y a trois continents et des siècles d'histoire
des prophètes des dieux le Messie en personne
il y a un bel été qui ne craint pas l'automne
en Méditerranée

il y a l'odeur du sang qui flotte sur ses rives
et des pays meurtris comme autant de plaies vives
des îles barbelées des murs qui emprisonnent
il y a un bel été qui ne craint pas l'automne
en Méditerranée

il y a des oliviers qui meurent sous les bombes
là où est apparue la première colombe
des peuples oubliés que la guerre moissonne
il y a un bel été qui ne craint pas l'automne
en Méditerranée

dans ce bassin je jouais lorsque j'étais enfant
j'avais les pieds dans l'eau je respirais le vent
mes compagnons de jeux sont devenus des hommes
les frères de ceux-là que le monde abandonne
en Méditerranée

le ciel est endeuillé par-dessus l'Acropole
et liberté ne se dit plus en espagnol
on peut toujours rêver d'Athènes et d'Barcelone
il reste un bel été qui ne craint pas l'automne
en Méditerranée

GRAND-PÈRE

c'est pour toi que je joue grand-père c'est pour toi
tous les autres m'écoutent mais toi tu m'entends
on est du même bois on est du même sang
et je porte ton nom et tu es un peu moi

exilé de Corfou et de Constantinople
Ulysse qui jamais ne revint sur ses pas
je suis de ton pays métèque comme toi
un enfant de l'enfant que te fit Pénélope

tu étais déjà vieux quand je venais de naître
arrivé juste à temps pour prendre le relais
et je finirai bien un jour par ressembler
à la photo où tu as posé à l'ancêtre

c'est pour toi que je joue grand-père c'est pour toi
que je glisse mes doigts le long de mes six cordes
pour réveiller un air tranquille et monocorde
c'est tout ce que je sais faire de mes dix doigts

maître en oisiveté expert en braconnage
comme toi j'ai vécu à l'ombre des bateaux
et pour faire un festin je volais les oiseaux
que le vent de la mer me ramenait du large

comme toi j'ai couru les filles et les rêves
buvant à chaque source que je rencontrais
mais sans être jamais vraiment désaltéré
sans jamais être las de répandre ma sève

c'est pour toi que je joue grand-père c'est pour toi
pour remettre au présent tout ce qui est passé
depuis que je ne parle plus que le français
et j'écris des chansons que tu ne comprends pas

c'est pour toi que je joue grand-père c'est pour toi
tous les autres m'entourent mais toi tu m'attends
même si tu es loin dans l'espace et le temps
quand il faudra mourir on se retrouvera

OÙ MÈNENT CES ROUTES

où mènent ces routes devant moi
où vont ces trains que je ne prends pas
les bateaux qui partent me laissent sur le quai
je commence à être fatigué
j'ai usé mon âme et mes souliers
sur tous les chemins des écoliers
près d'une fontaine je m'assieds un instant
je veux regarder passer le temps

Où sont tous mes amis d'autrefois
j'entends leurs guitares et leurs voix
où sont-ils tous ceux qui m'avaient tendu la main
pour m'emmener encore plus loin
pour vivre ma vie en la rêvant
j'ai suivi le soleil et le vent
sans jamais mettre une goutte d'eau dans mon vin
j'ai fait de chaque jour un festin

Où est celle que j'ai attendue
que j'ai cru trouver que j'ai perdue
où est celle pour qui je me mettrai debout
pour prendre la route jusqu'au bout
mais je reste assis là sans bouger
étranger parmi les étrangers
le soleil réchauffe mon corps déraciné
et la rose des vents s'est fanée

Où mènent ces routes devant moi
où vont ces trains que je prends pas
les bateaux qui partent me laissent sur le quai
je commence à être fatigué...

NOUS SOMMES DEUX

nous sommes deux nous sommes deux
huit heures vont bientôt sonner
éteins la lampe le gardien frappe
ce soir ils reviendront nous voir

l'un va devant l'un va devant
et les autres suivent derrière
puis le silence et puis voici
la même chanson qui revient

l'un va devant l'un va devant
et les autres suivent derrière
puis le silence et puis voici
la même chanson qui revient

ils frappent deux ils frappent trois
ils frappent mille vingt et trois
tu as mal toi et j'ai mal moi
qui de nous deux a le plus mal
c'est l'avenir qui le dira

nous sommes deux nous sommes trois
nous sommes mille vingt et trois
avec le temps avec la pluie
avec le sang qui a séché
et la douleur qui vit en nous
qui nous transperce et qui nous cloue

nous sommes deux nous sommes trois
nous sommes mille vingt et trois

avec le temps avec la pluie
avec le sang qui a séché
et la douleur qui vit en nous
qui nous transperce et qui nous cloue

notre douleur nous guidera
nous sommes deux nous sommes trois
nous sommes mille vingt et trois

Traduit du grec. Texte original de Mikis Theodorakis.

REQUIEM POUR N'IMPORTE QUI

il est mort comme du bois sec
ça pouvait être n'importe qui
un enfant de l'Andalousie
ou un frère du soldat Schveik
il est mort la guerre est finie
on lui fait des funérailles
chacun retourne à son travail
il est mort et je suis en vie
il est mort comme un feu de paille
ça s'est passé très loin d'ici
c'est loin l'Afrique et loin l'Asie
ses mercenaires et ses G.I.
il est mort de n'avoir su vivre
quand il fallait vivre à genoux
noyé de sang noyé de boue
la mort enfin l'a rendu libre
il est mort comme du bois sec
ça pouvait être n'importe qui
le frère de Théodoraki
un enfant de Zorba le Grec
il est mort je suis en exil
et je meurs un peu avec lui
chaque fois que tombe la nuit
sur le soleil du mois d'avril
il est mort comme du bois sec
ça pouvait être n'importe qui
il est mort pitié pour ses cendres
ce n'est ni l'heure ni l'endroit
pour demander des comptes à rendre
mais les mots viennent malgré moi

L'HOMME AU CŒUR BLESSÉ

jour après jour les jours s'en vont
laissant la vie à l'abandon

dans le jardin de l'homme au cœur blessé
l'herbe est brûlée pas une fleur
sur l'arbre mort plus rien ne peut pousser
rien que les fruits de sa douleur

les quatre murs de sa maison
n'abritent que l'absence
où sont partis les compagnons
avec leurs rires et leurs chansons
où sont partis les compagnons
avec leurs rires et leurs chansons

parfois des larmes viennent abreuver
l'herbe brûlée du souvenir
mais quel soleil pourra-t-il réchauffer
les jours enfuis ou à venir

les quatre murs de sa maison
n'abritent que l'absence
où sont partis les compagnons
avec leurs rires et leurs chansons
où sont partis les compagnons
avec leurs rires et leurs chansons

jour après jour les jours s'en vont
laissant la vie à l'abandon

Traduit du grec. Texte original de Mikis Theodorakis.

MENDIANTS ET ORGUEILLEUX

à regarder le monde s'agiter et paraître
en habit d'imposture et de supercherie
on peut être mendiant et orgueilleux de l'être
porter ses guenilles sans en être appauvri

l'humour n'a pas de rang il traîne dans la rue
avec la dérision pour compagne fidèle
la force est impuissante devant les mains nues
de ceux qui savent rire encore et de plus belle

on voit sur le trottoir des maîtres philosophes
qui n'ont jamais rien lu mais qui ont tout compris
on voit dans le ruisseau des filles qui vous offrent
un instant qui ressemble à mille et une nuits

il y a des enfants rois que le soleil couronne
même si leurs palais ne sont que des taudis
ils vivent en seigneurs dans une Babylone
aux jardins suspendus de légumes et de fruits

à l'heure où tous les bruits de la ville se taisent
un verre de thé noir à l'ombre d'un café
un peu d'herbe qui brûle sur un feu de braise
le paradis perdu est enfin retrouvé

à regarder le monde s'agiter et paraître
en habit d'imposture et de supercherie
on peut être mendiant et orgueilleux de l'être
porter ses guenilles sans en être appauvri

Du film : "Mendiants et orgueilleux" d'après le roman d'Albert Cossery.

TES GESTES

plus tendres qu'un aveu
tes gestes me désarment
ta main dans tes cheveux
ou qui sèche une larme
tu mêles savamment
l'innocence et le charme
ta jupe de quinze ans
et tes jambes de femme
tes bras encor' si frêles
deviennent rassurants
quand tu donnes à l'enfant
la douceur maternelle

dis-moi qui t'a appris
à effleurer ma bouche
toi qui suces ton pouce
quand tu es endormie

plus belle qu'une ondine
quand tu sors de ton bain
tu caches ta poitrine
dans la paume de tes mains
des hanches insolentes
à chaque mouvement
une bouche gourmande
et des yeux innocents
le soleil apprivoise
ton corps à contre-jour
et trouble les contours
de ton ombre chinoise

dis-moi qui t'a appris
à effleurer ma bouche
toi qui suces ton pouce
quand tu es endormie

comme une adolescente
à son premier désir
experte et maladroite
offerte à ton plaisir
tu es en même temps
princesse et courtisane
une fille une femme
et la mère et l'enfant
je te regarde vivre
et tu me donnes vie
tes gestes me délivrent
de tout ce que je suis

dis-moi qui t'a appris
à effleurer ma bouche
toi qui suces ton pouce
quand tu es endormie

JE NE SAIS PAS OÙ TU COMMENCES

à Nadia

tu portes ma chemise
et je mets tes colliers
je fume tes gitanes
tu bois mon café noir
tu as mal à mes reins
et j'ai froid à tes pieds
tu passes mes nuits blanches
et j'ai tes insomnies

je ne sais pas où tu commences
tu ne sais pas où je finis

tu as des cicatrices
là où je suis blessé
tu te perds dans ma barbe
j'ai tes poignets d'enfant
tu viens boire à ma bouche
et je mange à ta faim
tu as mes inquiétudes
et j'ai tes rêveries

je ne sais pas où tu commences
tu ne sais pas où je finis

tes jambes m'emprisonnent
mon ventre te retient
j'ai ta poitrine ronde
tu as mes yeux cernés

ton souffle me réchauffe
et j'étouffe tes cris
je me tais quand tu m'aimes
tu dors quand je le dis

IL Y AVAIT UN JARDIN

à Martial

c'est une chanson pour les enfants
qui naissent et qui vivent entre l'acier
et le bitume entre le béton et l'asphalte
et qui ne sauront peut-être jamais
que la terre était un jardin

il y avait un jardin qu'on appelait la terre
il brillait au soleil comme un fruit défendu
non ce n'était pas le paradis ni l'enfer
ni rien de déjà vu ou déjà entendu

il y avait un jardin une maison des arbres
avec un lit de mousse pour y faire l'amour
et un petit ruisseau roulant sans une vague
venait le rafraîchir et poursuivait son cours

il y avait un jardin grand comme une vallée
on pouvait s'y nourrir à toutes les saisons
sur la terre brûlante ou sur l'herbe gelée
et découvrir des fleurs qui n'avaient pas de nom

il y avait un jardin qu'on appelait la terre
il était assez grand pour des milliers d'enfants
il était habité jadis par nos grands-pères
qui le tenaient eux-mêmes de leurs grands-parents

où est-il ce jardin où nous aurions pu naître
où nous aurions pu vivre insouciants et nus
où est cette maison toutes portes ouvertes
que je cherche encore et que je ne trouve plus

BLESSURE

aussi longtemps que je vivrai
je garderai au bord des lèvres
une blessure
comme un sourire désenchanté
viens, pose tes mains sur mon front
pose ta bouche sur mes lèvres
même si tu n'y peux rien
mon amour

aussi longtemps que je vivrai
je garderai au coin des yeux
une blessure
comme une larme retenue
viens, pose tes mains sur mon front
pose ta bouche sur mes paupières
même si tu n'y peux rien
mon amour

aussi longtemps que je vivrai
je garderai à fleur de peau
une blessure
comme une fleur de sang séché
viens, pose tes mains sur mon front
pose ta bouche sur ma peau
même si tu n'y peux rien
mon amour

aussi longtemps que je vivrai
je garderai au fond de l'âme
une blessure

un rêve mal cicatrisé
viens viens, pose tes mains sur mon front
pose ta bouche sur mon cœur
même si tu n'y peux rien

viens, pose tes mains sur mon front
pose ta bouche sur ma peau
même si tu n'y peux rien
mon amour

17 ANS

17 ans
une femme une enfant
qui ne sait rien encore
et découvre son corps
que le soleil enivre
et que la nuit délivre

17 ans
un sourire innocent
et le regard docile
sous un rideau de cils
mais une faim de loup
et une soif de tout

17 ans
des seins de satin blanc
semblent narguer le vent
de leur charme insolent

17 ans
et prendre encore le temps
le temps de refuser
le monde organisé
et faire à l'heure présente
un aujourd'hui qui chante

17 ans
et vivre à chaque instant
ses caprices d'enfant
ses désirs exigeants

17 ans
j'étais adolescent
et je le suis encore
en découvrant ton corps
comme un fruit éclaté
comme un cri révolté

17 ans déjà

17 ans tu n'as
que 17 ans
mon amour
mon enfant

BALLADE POUR CINQ INSTRUMENTS

pour faire pleurer Margot
pour faire danser grand-mère
pour faire chanter les mots
de ma chanson douce amère
laisse glisser ton archet
le long de la chanterelle
donne-moi le la caché
dans l'âme du violoncelle

oh la flûte emmène-moi
sur les rivages de Grèce
là-bas elle était en bois
et son chant plein d'allégresse
oh la flûte pardonne-moi
si je deviens nostalgique
si je divague parfois
en écoutant ta musique

posée contre ton épaule
ton amie la contrebasse
joue discrètement son rôle
discrètement efficace
je ne sais qui soutient l'autre
de l'homme et de l'instrument
unis comme deux apôtres
ou peut-être deux amants

et sur les rythmes du cœur
les tambourins les crotales
font revivre les couleurs
de mon Afrique natale
réveille-moi aux accents
des pays que je visite
de ma vie qui va dansant
de ma vie qui va trop vite

et je voudrais rendre aussi
un hommage à ma guitare
mon inséparable outil
qui partage mon histoire
qui m'aide à trouver les mots
de la chanson douce amère
qui a fait pleurer Margot
qui a célébré grand-père

XU XU BELEZA

on était quelques musiciens
avec des guitares dans les mains
on a joué toute la journée
voici ce que ça a donné

xu xu beleza

comme la porte n'était pas fermée
y a des tas de gens qui sont entrés
y a que les voisins qui gueulaient
nous on continuait de chanter

xu xu beleza

et quand on en a eu assez
on est allé se promener
mais voici qu'à peine dans la rue
cet air nous saute dessus

xu xu beleza

si vous sifflez en travaillant
et si vous dansez en chantant
vous pouvez si vous le voulez
rajouter deux ou trois couplets

xu xu beleza

mais comme il faut faire une fin
à cette chanson qui rime à rien
je n'ai rien trouvé de mieux
que de dire une fois ou deux

xu xu beleza

LES ENFANTS D'HIER

nous sommes des enfants d'hier
qui n'ont pas encore grandi
nous tirons encore la langue
et nous faisons beaucoup de bruit
nous jouons avec des guitares
et nous écrivons des chansons
nous fumons des herbes bizarres
qui poussent autour de la maison

parfois la vie nous illumine
quand le soleil est de retour
sur le sommet de ces collines
où nous allons faire l'amour
c'est nous que les voisins détestent
c'est à nous qu'on offre des fleurs
on surveille nos moindres gestes
on reprend nos chansons en chœur

notre berceuse était amère
quand nous étions petits soldats
lorsque dehors il faisait guerre
lorsque dedans il faisait froid
nous sommes des enfants d'hier
qui n'ont pas encore grandi
nous tirons encore la langue
et nous faisons beaucoup de bruit

NADJEJDA

Nadjejda Nadjejda
en russe ça veut dire espérance
Nadjejda Nadjejda
en amour c'est peut-être absence
combien de temps encore sans voir ton corps
combien d'étés combien d'hivers
combien de saisons en enfer

Nadjejda Nadjejda
en russe ça veut dire espérance
Nadjejda Nadjejda
en amour c'est peut-être souffrance
trop vite ou doucement
passe le temps
nous en restera-t-il assez
pour un jour tout recommencer

Nadjejda Nadjejda
en russe ça veut dire espérance
Nadjejda Nadjejda
en amour c'est comme un long silence
ma guitare s'est tue
je ne sais plus
la chanson que je t'écrivais
quand je croyais te retrouver

Nadjejda Nadjejda
en russe ça veut dire espérance
Nadjejda Nadjejda
en amour c'est peut-être patience

LE QUOTIDIEN

parfois je ne sais pas ce qui m'arrive
je noie la poésie dans l'alcool
je ne sais pas lequel des deux m'enivre
et pour finir je parle de football

et lorsque j'en ai marre
je gratte ma guitare

chaque matin j'avale un café crème
en lisant des journaux remplis de sang
mais le regard d'un enfant me ramène
dans un monde meilleur et innocent

lorsque j'en ai marre
je gratte ma guitare

je parle du tiercé avec ma femme
un jour on finira par le toucher
ensemble on rêve et ça réchauffe l'âme
de rêver du jour où tout va changer

lorsque j'en ai marre
je gratte ma guitare

le samedi on boit quelques bouteilles
ça fait passer l'amertume et le temps
tant pis si le dimanche on se réveille
avec les mêmes problèmes qu'avant

lorsque j'en ai marre
je gratte ma guitare

parfois lorsque mon esprit vagabonde
j'essaie de croire qu'il y a un bon Dieu
je lui dis pourquoi as-tu fait le monde
si c'est pour le défaire peu à peu

et lorsque j'en ai marre
je gratte ma guitare

Adapté du portugais. Texte original de Vinicius de Moraes.

LA ROSE DE BAALBECK

une rose de Baalbeck
fleur fragile dans un champ d'indifférence
je la cueille mon amour
je l'effeuille dans mes doigts
je respire son parfum
où est-il le temps où l'on venait de loin
trouver l'amour et la sérénité
dans ce jardin

une rose de Baalbeck
fleur naïve dans un champ d'hostilité
Oh ma rose désarmée
ton sourire mal-aimé
ton regard mal-éclairé
quand viendra le temps où nous irons très loin
chercher l'amour et la sérénité
dans ce jardin
dans ce jardin
dans ce jardin...

LA LIGNE DROITE

à Nadia

je ne t'attends pas au bout d'une ligne droite
tu sais il faudra faire encore des détours
et voir passer des jours et des jours
mais sans que rien ne vienne éteindre notre hâte

il pleut chez moi chez toi le soleil est de plomb
quand pourrons-nous enfin marier nos saisons
quand pourrons-nous entrer ensemble à la maison

tes habits porteront des traces de poussière
et le parfum fané des amours passagères
qui t'ont rendu parfois l'absence plus légère

et moi mon cher amour bien sûr j'ai eu des hommes
qui m'ont rendu la vie un peu moins monotone
et m'aident à supporter l'hiver après l'automne

on ne s'attend pas au bout d'une ligne droite
tu sais il faudra faire encore des détours
et voir passer des jours et des jours
mais sans que rien ne vienne éteindre notre hâte

nous nous raconterons nos triomphes et nos fêtes
mais comment s'avouer nos superbes défaites
nos doutes répétés nos angoisses secrètes

un jour tu seras au bout de mes voyages
un jour tu viendras malgré tous les détours
nous dormirons ensemble et nous ferons l'amour
dans un monde réinventé à notre image

HIROSHIMA

par la colombe et l'olivier
par la détresse du prisonnier
par l'enfant qui n'y est pour rien

peut-être viendra-t-elle demain

avec les mots de tous les jours
avec les gestes de l'amour
avec la peur avec la faim

peut-être viendra-t-elle demain

par tous ceux qui sont déjà morts
par tous ceux qui vivent encore
par ceux qui voudraient vivre enfin

peut-être viendra-t-elle demain

avec les faibles avec les forts
avec tous ceux qui sont d'accord
ne seraient-ils que quelques-uns

peut-être viendra-t-elle demain

par tous les rêves piétinés
par l'espérance abandonnée
à Hiroshima ou plus loin

peut-être viendra-t-elle demain

à Hiroshima ou plus loin
peut-être viendra-t-elle demain

à Hiroshima ou plus loin
peut-être viendra-t-elle demain

la paix

TU M'ATTENDAIS

tu m'attendais au bord d'une forêt
devant la mer près d'une cheminée
tu m'attendais la table était dressée
on entendait la mer les arbres frémissaient

tu me cherchais de pays en pays
de vallées en clairières de saisons en saisons

tu m'attendais au premier jour de mai
à la fin de l'hiver chaque jour de l'année

tu me cherchais de cités en cités
de montagnes en déserts de maisons en maisons

tu m'attendais au bord d'une forêt
devant la mer près d'une cheminée

LES MARCHANDS

il y avait des bois et des champs
les fruits poussaient spontanément
et les fleuves étaient transparents
avant que viennent les marchands

la terre aimait bien ses enfants
et la nuit berçait les amants
on faisait l'amour tendrement
avant que viennent les marchands

on travaillait tout doucement
on se reposait très souvent

on allait en tapis volant
visiter les pays d'Orient
le désert était encore blanc
avant que viennent les marchands

on était tous les fils du vent
et les chiens n'étaient pas méchants
on pouvait rêver librement
avant que viennent les marchands

on travaillait tout doucement
on se reposait très souvent
on vivait le reste du temps

RIEN N'A CHANGÉ

rien n'a changé et pourtant tout est différent
rien n'est pareil et pourtant tout est comme avant
où es-tu si loin mon amour
pourquoi es-tu si loin

au café de nos rencontres je m'assieds à la terrasse
j'y vois les mêmes amis les mêmes gens
poliment je les écoute je souris à leurs grimaces
mais c'est toi que je vois c'est toi que j'entends

rien n'a changé et pourtant tout est différent
rien n'est pareil et pourtant tout est comme avant
où es-tu si loin mon amour
pourquoi es-tu si loin

je m'arrête à la vitrine de la librairie d'en face
puis je repars les mains vides nez au vent
et je continue de vivre parmi des ombres qui passent
et ramènent mes souvenirs au présent

rien n'a changé et pourtant tout est différent
rien n'est pareil et pourtant tout est comme avant
où es-tu si loin mon amour
pourquoi es-tu si loin

j'ai fait rentrer quelques bûches j'ai changé le lit de place
et j'ai fait repeindre les murs tout en blanc
mais les nuits semblent bien longues la solitude me glace
et le lit est devenu beaucoup trop grand

rien n'a changé et pourtant tout est différent
rien n'est pareil et pourtant tout est comme avant

LES AMIS

je voudrais mes amis vous offrir à ma table
les meilleurs vins les meilleures nourritures
du tabac parfumé des herbes délicates
et des liqueurs aux couleurs enivrantes

les filles qui seraient parmi nous seraient belles
prêtes à offrir tout un lit de tendresse

je voudrais regarder briller vos yeux de grâce
à votre bouche surprendre un sourire
je voudrais faire chanter toutes les musiques
charmer vos cœurs en charmant vos oreilles

les filles qui seraient parmi nous seraient belles
prêtes à offrir tout un lit de tendresse

je voudrais allumer des bougies silencieuses
qui danseraient des danses amoureuses
et je me sentirais alors un peu des vôtres
j'aurais moins froid et je serais moins seul

les filles qui seraient parmi nous seraient belles
prêtes à offrir tout un lit de tendresse

les filles qui seraient parmi nous seraient belles
prêtes à offrir tout un lit de tendresse

DANSE

danse tant que tu peux danser
danse autour de la terre
libre comme un poisson dans l'eau
comme un oiseau dans l'air

léger comme le vent qui danse dans les arbres
ou le mât d'un bateau qui danse sur la vague

danse tant que tu peux danser
sur les pavés sur l'herbe
sur une table de bistrot
à l'ombre des tavernes

viens laisse-toi porter par toutes les musiques
qui sortent d'un piano ou d'un vieux tourne-disque

danse tant que tu peux danser
danse autour de la terre
danse dans les bras de Margot
ou Julie de Nanterre

danse pour retrouver l'amour et la folie
danse pour éblouir ton âme qui s'ennuie

danse tant que tu peux danser
danse autour de la terre
pour ne plus porter sur ton dos
la mort et la misère

et tu verras jaillir des sources souterraines
et des torrents de joie qui coulent dans tes veines

danse tant que tu peux danser
danse autour de la terre
danse pour qu'un printemps nouveau
balaye les hivers

danse comme l'on vit danse comme l'on aime
danse comme on écrit sur les murs un poème

danse tant que tu peux danser
danse autour de la terre
danse tant que tu peux danser
viens le bal est ouvert
danse tant que tu peux danser
viens le bal est ouvert

JE SUIS UN AUTRE

je suis un débutant aux tempes qui blanchissent
un beatnick vieillissant patriarche novice
jardinier libertin aux goûts d'aventurier
voyageur immobile et rêveur éveillé

je suis de ces lézards qui naissent fatigués
un optimiste amer un pessimiste gai
un homme d'aujourd'hui à la barbe d'apôtre
je peux être tout ça pourtant je suis un autre

je suis toi je suis moi je suis qui me ressemble
et je ressemble à ceux qui font la route ensemble
pour chercher quelque chose et pour changer la vie
plutôt que de mourir d'un rêve inassouvi

avec eux je m'en vais partout où le vent souffle
partout où c'est la fête et partout où l'on souffre
mais lorsque je m'endors au creux des herbes hautes
je me retrouve seul et je me sens un autre

je suis venu ce soir la guitare à mon cou
partager mes chansons et rêver avec vous
crier d'une voix sourde toutes mes révoltes
et parler de mes peines d'un air désinvolte

j'ai laissé au vestiaire un reste de pudeur
pour mieux me découvrir devant les projecteurs
et chanter les amours qui sont un peu les vôtres
qui sont les miennes même si je suis un autre

DÉCLARATION

à Bénédicte

je déclare l'état de bonheur permanent
et le droit de chacun à tous les privilèges
je dis que la souffrance est chose sacrilège
quand il y a pour tous des roses et du pain blanc

je conteste la légitimité des guerres
la justice qui tue et la mort qui punit
les consciences qui dorment au fond de leur lit
la civilisation au bras des mercenaires

je regarde mourir ce siècle vieillissant
un monde différent renaîtra de ses cendres
mais il ne suffit plus simplement de l'attendre
je l'ai trop attendu je le veux à présent

que ma femme soit belle à chaque heure du jour
sans avoir à se dissimuler sous le fard
et qu'il ne soit plus dit de remettre à plus tard
l'envie que j'ai d'elle et de lui faire l'amour

que nos fils soient des hommes non pas des adultes
et qu'ils soient ce que nous voulions être jadis
que nous soyons frères camarades et complices
au lieu d'être deux générations qui s'insultent

que nos pères puissent enfin s'émanciper
et qu'ils prennent le temps de caresser leur femme
après toute une vie de sueur et de larmes
et des entre-deux-guerres qui n'étaient pas la paix

je déclare l'état de bonheur permanent
sans que ce soit des mots avec de la musique
sans attendre que viennent les temps messianiques
sans que ce soit voté dans aucun parlement

je dis que désormais nous serons responsables
nous ne rendrons de compte à personne et à rien
et nous tranformerons le hasard en destin
seuls à bord et sans maître et sans dieu et sans diable

et si tu veux venir passe la passerelle
il y a de la place pour tous et pour chacun
mais il nous reste à faire encore du chemin
pour aller voir briller une étoile nouvelle

je déclare l'état de bonheur permanent

WHY

why don't you stay in your villages
surrounded by barbed-wires
why do you go and disturb the world
who makes a sporting competition
why don't you sit on your ass
smoking grass eating beans and drinking bitterness

why don't you work in a factory
well-paid and saturday-off
why don't you wait for a miracle
that will bring justice on this earth
why do you kill and you die
for a country that does not belong to you anymore

why do you scream when everybody whispers
in the air-conditioned night-clubs
why do you show your wounded skin
when everyone tries to be healthy
why do you kidnapp do you hi-jack
do you make any travel by air-plane unsafe

why are you so weak and so lonely
when everybody tries to be strong
why don't you stay in your villages
waiting for bombes and death

why don't you die
and let the people cry
why don't you die
and let people cry
right now

Moustaki

LES EAUX DE MARS

un pas une pierre
un chemin qui chemine
un reste de racine
c'est un peu solitaire

c'est un éclat de verre
c'est la vie le soleil
c'est la mort le sommeil
c'est un piège entr'ouvert

un arbre millénaire
un nœud dans le bois
c'est un chien qui aboie
c'est un oiseau dans l'air

c'est un tronc qui pourrit
c'est la neige qui fond
le mystère profond
la promesse de vie

c'est le souffle du vent
au sommet des collines
c'est une vieille ruine
le vide et le néant

c'est la pie qui jacasse
c'est l'averse qui verse
des torrents d'allégresse
ce sont les eaux de mars

c'est le pied qui avance
à pas sûr à pas lent
c'est la main qui se tend
c'est la pierre qu'on lance

c'est un trou dans la terre
un chemin qui chemine
un reste de racine
c'est un peu solitaire

c'est un oiseau dans l'air
un oiseau qui se pose
le jardin qu'on arrose
une source d'eau claire

une écharde un clou
c'est la fièvre qui monte
c'est un conte à bon compte
c'est un peu rien du tout

un poisson un geste
comme du vif argent
c'est tout ce qu'on attend
c'est tout ce qui nous reste

c'est du bois c'est un jour
le bout du quai
un alcool trafiqué
le chemin le plus court

c'est le cri d'un hibou
un corps ensommeillé
la voiture rouillée
c'est la boue c'est la boue

un pas un pont
un crapaud qui coasse
c'est un chaland qui passe
c'est un bel horizon

c'est la saison des pluies
c'est la fonte des glaces
ce sont les eaux de mars
la promesse de vie

une pierre un bâton
c'est Joseph et c'est Jacques
un serpent qui attaque
une entaille au talon

un pas une pierre
un chemin qui chemine
un reste de racine
c'est un peu solitaire

c'est l'hiver qui s'efface
la fin d'une saison
c'est la neige qui fond
ce sont les eaux de mars

la promesse de vie
le mystère profond

Traduit du portugais. Texte original de A.C. Jobim.

SANS LA NOMMER

je voudrais sans la nommer vous parler d'elle
comme d'une bien aimée d'une infidèle
une fille bien vivante qui se réveille
à des lendemains qui chantent sous le soleil

c'est elle que l'on matraque que l'on poursuit que l'on traque
c'est elle qui se soulève qui souffre et se met en grève
c'est elle qu'on emprisonne qu'on trahit qu'on abandonne
qui nous donne envie de vivre qui donne envie de la suivre
jusqu'au bout jusqu'au bout

je voudrais sans la nommer lui rendre hommage
jolie fleur du mois de mai ou fruits sauvages
une plante bien plantée sur ses deux jambes
et qui traîne en liberté où bon lui semble

c'est elle que l'on matraque que l'on poursuit que l'on traque
c'est elle qui se soulève qui souffre et se met en grève
c'est elle qu'on emprisonne qu'on trahit qu'on abandonne
qui nous donne envie de vivre qui donne envie de la suivre
jusqu'au bout jusqu'au bout

je voudrais sans la nommer vous parler d'elle
bien aimée ou mal aimée elle est fidèle
et si vous voulez que je vous la présente
on l'appelle révolution permanente

c'est elle que l'on matraque que l'on poursuit que l'on traque
c'est elle qui se soulève qui souffre et se met en grève
c'est elle qu'on emprisonne qu'on trahit qu'on abandonne
qui nous donne envie de vivre qui donne envie de la suivre
jusqu'au bout jusqu'au bout

c'est elle que l'on matraque que l'on poursuit que l'on traque
c'est elle qui se soulève qui souffre et se met en grève
c'est elle qu'on emprisonne qu'on trahit qu'on abandonne
qui nous donne envie de vivre qui donne envie de la suivre
jusqu'au bout jusqu'au bout

NOS QUINZE ANS

il y avait frère Jacques et mon ami Pierrot
Alain qui n'est plus là Boris le musicien
et Charlie et Maurice et Charlie le rouquin
il y avait nos quinze ans qui nous tenaient au chaud

la guerre était finie racontaient les journaux
et les armes en secret réglaient notre destin
comme nous n'étions pas tout à fait des gamins
chacun choisissait la couleur de son drapeau

Boris était Tarzan et moi j'étais Zorro
pour sortir sa Julie on vendait nos bouquins
on se prenait pour des voleurs de grand chemin
lorsqu'on fauchait des billes des briquets des stylos

on écoutait du jazz on dansait le tango
les filles du samedi changeaient souvent de mains
on parlait inlassablement du lendemain
en partageant nos nuits et nos derniers mégots

d'un blockhaus déserté on faisait un château
la Méditerranée c'était notre jardin
on partait en voyage pour des pays lointains
en suivant du regard le départ d'un bateau

on découvrait Prévert on faisait du vélo
on refaisait le monde chacun rêvait le sien
puis nous allions traîner au café des marins
pour regarder les femmes qui nous montraient leur peau

puis le temps a passé comme il passe au galop
nous voulions être adultes nous le sommes enfin
mais nous n'avons jamais pu changer l'eau en vin
que dire à nos enfants qui nous tournent le dos

L'APOLITIQUE

l'armée ne doit pas s'occuper de politique
le clergé ne doit pas s'occuper de politique
l'université ne doit pas s'occuper de politique
la fonction publique ne doit pas s'occuper de politique
les travailleurs émigrés
les résidents étrangers
ne doivent pas s'occuper
pas surtout pas s'occuper de politique

les femmes ne doivent pas s'occuper de politique
les enfants des lycées ne doivent pas s'occuper de politique
les artistes de variétés ne doivent pas s'occuper de politique
ni les marchands de canons
ni les fabricants d'avions
ceux qui n'ont pas d'opinions
pas surtout pas s'occuper de politique

JE SUIS UNE GUITARE

je suis une guitare
très comme il faut
faite pour les concerts à Pleyel ou à Gaveau
en robe de palissandre
pour la musique de chambre
sous les doigts d'Andres et Narciso
pourquoi faut-il que le Brésil
vienne en secret me murmurer
des mots pleins de fantaisie
sur une étrange mélodie
où tout à coup s'insinue la samba
voici Vivaldi qui se déhanche
Jean Sébastien qui entre en transe
oh la la
j'en oublie mes vieilles romances
d'ailleurs ça n'a pas d'importance
à Bahia

Écrit avec Vinicius de Moraes.

L'HABITUDE

pour Françoise Hardy

on vit comme tant d'autres
nos gestes sont les mêmes
il nous arrive encore
de nous dire je t'aime
que tu prennes ma main
que j'embrasse ton cou

dans la brume légère
de nos habitudes
on garde la tendresse
pour calmer l'inquiétude
et l'on s'endort ensemble
par peur de solitude

je rentre un peu plus tard
tu es moins impatiente
je regarde mourir une étoile filante
notre amour est un astre
qui brille à feu doux

dans la brume légère
de nos habitudes
on garde la tendresse
pour calmer l'inquiétude
et l'on s'endort ensemble
par peur de solitude

tu n'as plus rien à dire
je t'ai tout raconté
pour troubler le silence
on parle de l'été
où irons-nous passer
nos prochaines vacances

dans la brume légère
de nos habitudes
on garde la tendresse
pour calmer l'inquiétude
et l'on s'endort ensemble
par peur de solitude

DANS LA MAISON TROP GRANDE ET TROP VIDE

dans la maison trop grande et trop vide
dans la rue devenue déserte
dans Paris qui n'est plus qu'un boulevard de cendres
dans le soleil glacé dans les nuages bas
et dans l'eau immobile d'un océan inerte
dans le regard éteint des vivants inconnus
je crie ma solitude en lettres de noblesse
je crie mon insomnie dans la nuit indifférente
et je maquille les poupées qui en témoignent
la nostalgie étouffe un bâillement d'ennui
mais la douleur est là sourde et muette
comme il se doit
la peur désemparée par toutes mes faiblesses
dans le silence épais comme un point d'orgue
le langage est approximatif

CE SOIR MON AMOUR

à Nadia

ce soir mon amour je ne t'aime plus
tu es plus loin que la distance qui nous sépare
et d'autant plus absente que tu n'es nulle part
plus étrangère que la première venue
ce soir mon amour je ne te cherche plus
parmi mes souvenirs au fond de ma mémoire
je ne t'attends plus sur le quai d'aucune gare
je me souviens à peine t'y avoir attendue
je sais que nous buvions du thé après l'amour
que nos nuits commençaient quand se levait le jour
comme un torrent d'ébène tes cheveux sur mon cou
et ton regard meurtri quand tu fais les yeux doux
ce soir mon amour je ne te trompe plus
avec cette fille qui dort à mes côtés
j'étais seul je lui ai demandé de rester
je suis seul très souvent et je m'y habitue
ce soir mon amour tu ne me manques plus
tu ne me manques pas il me manque d'aimer
de ne plus être inutile inanimé
de n'avoir rien à perdre et d'avoir tout perdu
je connais ta folie je connais ta pudeur
je sais qu'on se ressemble comme frère et sœur
je connais ton odeur, je connais ton parfum
je te connais par cœur mais je ne sais plus rien
de toi mon amour que je n'aime plus
sans arriver à me sentir enfin libre
pareil à un danseur qui perdrait l'équilibre
comme un prince en disgrâce comme un ange déchu

PORTUGAL

25 avril 1974

oh muse ma complice
petite sœur d'exil
tu as les cicatrices
d'un 21 avril
mais ne sois pas sévère
pour ceux qui t'ont déçue
de n'avoir rien pu faire
ou de n'avoir jamais su

à ceux qui ne croient plus voir s'accomplir leur idéal
dis-leur qu'un œillet rouge a fleuri au Portugal

on crucifie l'Espagne
on torture au Chili
la guerre du Viet-Nam
continue dans l'oubli
aux quatre coins du monde
des frères ennemis
s'expliquent par les bombes
par la fureur et le bruit

à ceux qui ne croient plus voir s'accomplir leur idéal
dis-leur qu'un œillet rouge a fleuri au Portugal

pour tous les camarades
pourchassés dans les villes
enfermés dans les stades
déportés dans les îles

oh muse ma compagne
ne vois-tu rien venir
« je vois comme une flamme
qui éclaire l'avenir »

à ceux qui ne croient plus voir s'accomplir leur idéal
dis-leur qu'un œillet rouge a fleuri au Portugal

débouche une bouteille
prends ton accordéon
que de bouche à oreille
s'envole ta chanson
car enfin le soleil
réchauffe les pétales
de mille fleurs vermeilles
en avril au Portugal

et cette fleur nouvelle
qui fleurit au Portugal
c'est peut-être la fin
d'un empire colonial

Traduit du portugais. Texte original de Chico Buarque.

LA CHANSON D'AMOUR

à Melina Mercouri

la chanson que l'on a chantée
quand il fallait se taire
la chanson triste ou révoltée
la chanson douce amère
la chanson qui se voulait gaie
rythmée par l'espérance
la chanson tendre et fatiguée
qui mourait en silence
c'était une chanson d'amour...

la chanson qui nous consolait
quand nous venaient des larmes
la chanson qui parfois parlait
d'aller prendre les armes
la chanson que l'on inventait
pour se donner patience
la chanson qui nous invitait
à entrer dans la danse
c'était une chanson d'amour...

c'est à toi que je la dédie
toi mon autre moi-même
et c'est à toi que je mendie
les mots de mes poèmes
parce que sans toi ne pourrais ni chanter ni me taire
le premier pas est déjà fait mais il en reste à faire
pour chanter la chanson d'amour...

LA MÈRE ET LA FILLE

à Claude Deleusse

qui de la mère ou la fille
est la plus jolie
c'est la mère que je préfère
lorsque c'est la nuit
c'est la fille qui m'enchante
lorsque c'est le jour
à qui faut-il que je chante
mes chansons d'amour
qui faut-il que je courtise
où lancer l'appât
ma pauvre tête est indécise
je n'sais vraiment pas
la mère a de l'expérience
ça paraît normal
la fille a l'adolescence
ce n'est pas si mal
ou peut-être le contraire
ça s'est déjà vu
on peut être une mère
et être ingénue
on peut faire des découvertes
avec une enfant
qui s'révèle plus experte
que sa maman
on dit qu'on est insipide
quand on a vingt ans
on dit aussi que quelques rides
c'est bien affligeant

mais moi je trouve du charme
dans les deux cas
versez versez quelques larmes
sur mon désarroi
il faut que je me décide
ce n'est pas sérieux
si je n'étais pas si timide
je prendrais les deux
elles m'accompagnent à la porte
il est déjà tard
et à mon bras je n'emporte
que ma guitare

LES AMIS DE GEORGES

les amis de Georges étaient un peu anars
ils marchaient au gros rouge et grattaient leurs guitares
ils semblaient tous issus de la même famille
timides et paillards et tendres avec les filles
ils avaient vu la guerre ou étaient nés après
et s'étaient retrouvés à Saint-Germain-des-Prés
et s'il leur arrivait parfois de travailler
personne n'aurait perdu sa vie pour la gagner

les amis de Georges avaient les cheveux longs
à l'époque ce n'était pas encore de saison
ils connaissaient Verlaine Hugo François Villon
avant qu'on les enferme dans des microsillons
ils juraient ils sacraient insultaient les bourgeois
mais savaient offrir des fleurs aux filles de joie
quitte à les braconner dans les jardins publics
en jouant à cache-cache avec l'ombre des flics

les amis de Georges on les reconnaissait
à leur manière de n'être pas trop pressés
de rentrer dans le rang pour devenir quelqu'un
ils traversaient la vie comme des arlequins
certains le sont restés d'autres ont disparu
certains ont même la légion d'honneur qui l'eût cru
mais la plupart d'entre eux n'ont pas bougé d'un poil
ils se baladent encore la tête dans les étoiles

les amis de Georges n'ont pas beaucoup vieilli
à les voir on dirait qu'ils auraient rajeuni
le cheveu est plus long la guitare toujours là
c'est toujours l'ami Georges qui donne le la
mais tout comme lui ils savent toujours pas
rejoindre le troupeau ou bien marcher au pas
dans les rues de Paris sur les routes de province
ils mendient quelquefois avec des airs de prince
en chantant des chansons du dénommé Brassens

LE DROIT À LA PARESSE

à Paul Lafargue

je voudrais rendre grâce à celui qui peut-être
a été mon premier et mon unique maître
un philosophe mort voici quelques décades
mort de son propre choix ni trop vieux ni malade
il n'était pas de ceux qui entrent dans l'histoire
nous sommes peu nombreux à servir sa mémoire
il ne se posait pas en saint ou en prophète
mais cherchait avant nous le bonheur et la fête
il rêvait d'une vie que l'on prend par la taille
sans avoir à la gagner comme une bataille
nous disait que la terre était pleine de fruits
et de pain et d'amour et que c'était gratuit
il parlait de ne plus jamais plier l'échine
ni de se prosterner devant une machine
il souhaitait pour les générations futures
de ne souffrir jamais d'aucune courbature
sans vouloir enseigner sa parole était claire
en cela peut-être elle est révolutionnaire
je voudrais rendre grâce à ce maître en sagesse
qui ne nous arrivait ni d'Orient ni de Grèce
je voudrais rendre grâce à ce maître en sagesse
qui ne demandait que le droit à la paresse

CHANSON POUR ELLE

elle ne fait pas l'amour
elle aime
elle ne marche pas
elle danse
elle ne parle pas
elle chante
elle ne fait pas l'amour
elle aime

elle ne fait pas l'amour
elle aime
elle ne se prête pas
elle s'offre
elle ne pleure pas
elle souffre
elle ne fait pas l'amour
elle aime

elle ne fait pas l'amour
elle aime
elle ne rêve pas
elle plane
elle ne fait pas semblant de vivre
elle ne demande pas
elle prend

LE TANGO DE DEMAIN

pour Astor

ce soir j'ai retrouvé comme on retrouve un frère
le tango né dans les faubourgs de Buenos Aires
celui qui va chercher sa sève et ses racines
dans la peine et la joie du peuple d'Argentine
je lui prête ma voix il m'offre sa musique
jaillie de ce pays du sud de l'Amérique
continent millénaire ou bien havre d'exil
à côté du Chili à deux pas du Brésil
terre cent fois meurtrie souvent ressuscitée
où la vie et la mort s'unissent pour chanter
où l'amour se danse jusqu'au petit matin
où l'espoir et le deuil sont du même festin
ce soir j'ai retrouvé un frère du tiers monde
l'Amérique Latine et l'Orient se répondent
le tam-tam la guitare et le bandonéon
accompagnent l'appel à la révolution
révolution où tout sera musique enfin
où n'existeront plus ni la peur ni la faim
musique qui sera la nouvelle harmonie
d'un monde qui renaît sur un monde fini
cette musique-là je peux déjà l'entendre
ce cri en même temps si violent et si tendre
ce chant presque oublié ce tango de demain
ce soir en l'écoutant je me sens argentin

UNE PETITE CHANSON

pour Étienne

je vais te faire une petite chanson
pour que tu puisses la chanter à ton tour
je la ferai simple comme bonjour
tu pourras la chanter sur tous les tons

toi qui apprends à jouer de la guitare
tu peux en guise de première leçon
apprendre à jouer ma petite chanson
tu feras mieux peut-être un peu plus tard

accorde bien les cordes entre elles
du mi grave à la chanterelle
et sans effort laisse glisser tes doigts
et chante à pleine voix

la la la...

tu vois ce n'est vraiment pas compliqué
tu ne t'es pas beaucoup fatigué
pour écrire cette chanson-là
mais comme je ne suis pas très regardant
pour qu'elle dure plus longtemps
j'ai ajouté un deuxième couplet
je l'ai même écrit en anglais

I'll write for you a new little song
so you'll be able to sing along
it will be easy easy as pie
simple and light as a cloud in the sky

and if you start to play the guitar
may be one day you'll be a pop star
but first try to play my little tune
I'm sure you will improve very soon
I'm sure you will improve very soon
I'm sure you will improve very soon

la la la

BALLADE EN FUMÉE

te voilà tombée en disgrâce
tu peux toujours te parfumer
te voilà presque mal aimée
pourtant tu gardes ton panache
même s'il n'est que de fumée

je t'ai connue dans ma jeunesse
tu as brûlé tous mes pianos
quand je jouais plus ou moins faux
dans les bordels du vieil Anvers
et ça faisait pleurer Margot

je m'adresse à ma cigarette
ma jolie blonde au goût anglais
ma brune amère à mon palais
le mégot des jours de disette
celle qu'autrefois je roulais

tu m'as séduit comme jadis
tu séduisais peuples et rois
l'ingratitude faisant loi
on t'a mise au rayon des vices
des drogues de deuxième choix

je rêve à mes chansons futures
en te tenant entre mes doigts
je cherche la rime avec toi
et tout au long de l'aventure
on se consume toi et moi

tout à l'heure en sortant de scène
c'est toi que je respirerai
comme je te respire après
chaque émotion et chaque peine
dans un geste presque sacré

tu es parfois ma récompense
et parfois ma consolation
dans mes moments de réflexion
tu viens calmer mon impatience
et je remets tout en question

tu sais me rendre fraternel
quand tu passes de main en main
jusqu'au moment où tu t'éteins
après la dernière étincelle
comme une étoile du matin

certains vont battre la campagne
et te dénoncer comme un poison
moi je t'accueille en ma maison
et je fais de toi ma compagne
même s'ils ont un peu raison

LES MILLE ROUTES

au carrefour du cœur du monde mille routes se rejoignent
et ceux qui marchent sur les routes ce sont mes amis de partout
ils ne marchent pas en rangs serrés
chacun rythme son pas comme il veut
l'un tient par la taille son amie
un autre va tout seul au carrefour des mille routes

ils arrivent du bout du monde en franchissant les montagnes
portant l'espérance et le doute et l'envie d'aller jusqu'au bout
rien ne les attend derrière eux
ils suivent une étoile dans la nuit
ils se reconnaissent et se sourient
quand leurs chemins se croisent au carrefour des mille routes

au carrefour du cœur du monde mille rêves se rejoignent
lorsque parfois je les écoute j'apprends la sagesse des fous
surtout n'allez pas les réveiller
car ils sont plus fragiles que le feu
lorsque dessous la braise endormie
une flamme brille et veille au carrefour des mille routes

étoile aux mille scintillements
étoile aux mille scintillements...

POURQUOI JE CHANTE

je chante des poèmes
que je n'ai pas écrits
je chante les « je t'aime »
que je n'ai jamais dits
je chante les révoltes
qui m'étouffent parfois
timide ou désinvolte
je les chante à mi-voix

je chante les voyages
en restant sur le quai
je chante le courage
qui souvent m'a manqué
je chante les promesses
que je n'ai pas tenues
je chante les ivresses
sans avoir jamais bu

je chante et si je chante
pour qui veut m'écouter
je chante et je m'invente
une autre vérité
elle semble utopique
elle existe pourtant
je la mets en musique
pour la dire en chantant

je chante des poèmes
que je n'ai pas écrits
je chante des « je t'aime »
que je n'ai jamais dits
je chante les souffrances
que je n'ai pas connues
je chante l'espérance
quand il n'en reste plus

ON EST TOUS DES PÉDÉS

on est tous des drogués
des feignants alcooliques
qui ne pensent qu'à draguer
et jouer de la musique
des poètes ratés
intellectuels gauchistes
des pseudo révoltés
des bourgeois anarchistes

on est tous des tarés
juste bons pour l'asile
des âmes torturées
qui s'admirent le nombril
des valeurs falsifiées
des hippies à la manque
des requins de vivier
avec un compte en banque

ça peut paraître drôle
mais c'est nous qu'on vient voir
le soir au music-hall
dans notre meilleur rôle
et nos tours dérisoires

on est tous des pédés
des pervers des immondes
des mendiants cravatés
qui se croient gens du monde

des cabots des paumés
qui se croient gens de lettres
parc'qu'ils ont fait rimer
deux ou trois chansonnettes

ça peut paraître drôle
mais c'est nous qu'on vient voir
le soir au music-hall
dans notre meilleur rôle
et nos tours dérisoires

on est tous des drogués
qui ne pensent qu'à draguer
des poètes ratés
des pseudo révoltés
on est tous des tarés
des âmes torturées
des valeurs falsifiées
des requins de vivier

on est tous des pédés
des mendiants cravatés
qui n'aiment pas travailler
qui ne pensent qu'à briller
des cabots des paumés
qui parfois font rimer
je t'aime avec tu m'aimes
avec je t'aime tu m'aimes

HUMBLEMENT IL EST VENU

humblement il est venu on ne l'a pas reconnu
il était mal habillé il n'avait pas de souliers
parce qu'il était pied-nu on ne l'a pas reconnu
humblement il est venu comme s'il tombait des nues
il disait des mots très doux, on ne comprenait pas tout
mais personne n'y a cru de ceux qui l'ont entendu
humblement il est venu demander la bienvenue
demander du pain du vin et un lit jusqu'au matin
il ne voulait rien de plus il n'a pourtant rien reçu
humblement il est venu humblement a disparu
ce n'était qu'un étranger que pouvait-il bien chercher
ce n'était qu'un inconnu on ne l'a pas retenu
ça fait deux mille ans ou plus il n'est jamais revenu
mais on s'en souvient pourtant et tout le monde l'attend
les filles pour le recevoir se font belles chaque soir
les enfants parlent de lui comme on parle d'un ami
les hommes ne disent rien mais lui gardent un verre de vin
il viendra le boire un jour à la joie et à l'amour

FLAMENCO

qui le premier pourra chanter
les accords de la liberté
qui chantera le flamenco
dans une Espagne sans Franco
ce sera fête ce jour-là
et moi je voudrais être là
pour écouter le flamenco
le vent de l'histoire a tourné
près de la Méditerranée
le vent de l'histoire a tourné
luthier prépare pour demain
une guitare de tes mains
elle jouera le flamenco
dans une Espagne sans Franco
sortez les chaises des cafés
faites briller tous les pavés
on dansera le flamenco
le vent de l'histoire a tourné
près de la Méditerranée
le vent de l'histoire a tourné
Picasso sera invité
Cazal sera ressuscité
il y aura Federico
et tous ceux qui sont morts trop tôt
il y aura fête ce jour-là
et moi je voudrais être là
pour écouter le flamenco
le vent de l'histoire a tourné
près de la Méditerranée
le vent de l'histoire a tourné

PETITE FABLE

mères effarouchées ne soyez plus inquiètes
je déserte les rangs des trousseurs de nymphettes
je n'irai plus chercher au sortir des écoles
les tendrons qui parfois me prennent pour idole
il y aura toujours des messieurs à rosette
pour se laisser troubler par vos gentes fillettes
qui plus habiles que leur maman désarmée
savent si bien séduire et en oublient d'aimer

ne croyez pas surtout que c'est pour leur chair fraîche
que j'allais vers ces fruits au joli teint de pêche
j'avais du sentiment et le goût d'enseigner
il me plaisait aussi à être le premier
quelquefois j'abusais j'avoue de leur sottise
je n'étais pas toujours la victime soumise
à ces jeux-là on gagne et on perd tout autant
et la blessure dure plus ou moins longtemps

mères effarouchées ne soyez plus inquiètes
je déserte les rangs des trousseurs de nymphettes
je garderai sans doute un peu de nostalgie
un reste de regrets mais c'est tout réfléchi
je renonce à aimer ces charmantes personnes
leurs printemps me faisaient oublier mes automnes
la jeunesse n'est pas affaire de saisons
je viens enfin d'atteindre l'âge de raison

je dis adieu folie il est temps d'être sage
de rejoindre les rangs de ceux du deuxième âge
mesdames c'est vers vous que portent mes regards
qu'on veuille m'excuser si je suis en retard
mais à l'heure où je mets mon cœur en quarantaine
je voudrais saluer monsieur de La Fontaine
les raisins sont trop verts quand ils sont intouchables
et si ce n'est pas vrai ça peut faire une fable.
et ma chanson n'était rien d'autre qu'une fable

NOUS AVONS LE TEMPS

ils ont la force et nous avons le temps
le temps
tout le temps
ils ont l'écorce et nous avons le cœur
le cœur
le meilleur
ils nous font des discours et nous chantons
nous chantons
nos chansons
ils planifient tandis que nous planons
par-dessus
leurs raisons
ils font la loi et nous faisons l'amour
l'amour
avec amour
ils crient notre musique leur répond
Hm hm...
ils ont la force et nous avons le temps
nous avons tout le temps
et même si ça doit durer longtemps
nous avons tout le temps...

L'AMANT DU SOLEIL ET DE LA MUSIQUE

je suis l'amant du soleil et de la musique
je vous laisse tout l'or des oncles d'Amérique
pour tenir dans mes doigts un morceau de soleil
pour que la voix d'une sirène me réveille

j'appartiens à la famille des tournesols
on peut ouvrir ma porte avec la clé de sol
chaque été qui revient me comble et m'émerveille
je suis l'amant de la musique et du soleil

je suis le compagnon de musique et d'amour
amoureux de la nuit qui renaît chaque jour
et si je n'avais pas à la main ma guitare
on finirait par me prendre pour un lézard

je viens de n'importe où je vais au bout du monde
je poursuis le soleil j'accompagne sa ronde
du nouveau continent à la terre d'Afrique
je sème çà et là des notes de musique

...
que ces mots que je viens te chanter à l'oreille
puissent t'apporter la musique du soleil
du soleil

LA PHILOSOPHIE

à Tolmatchov

c'est une jolie bande de joyeux fêtards
qui se couche à l'aurore et se lève très tard
ne pensant qu'à aimer ou jouer de la guitare

ils n'ont dans la vie
que cette philosophie

nous avons toute la vie pour nous amuser
nous avons toute la mort pour nous reposer
nous avons toute la vie pour nous amuser
nous avons toute la mort pour nous reposer

ils ne font rien de plus que fêter chaque instant
saluer la plein' lune célébrer le printemps
si bien qu'pour travailler ils n'ont plus guère le temps

ils n'ont dans la vie
que cette philosophie

nous avons toute la vie pour nous amuser
nous avons toute la mort pour nous reposer
nous avons toute la vie pour nous amuser
nous avons toute la mort pour nous reposer

et je me reconnais en eux assez souvent
comme eux je gaspille ma vie à tous les vents
et je me dis qu'ils sont mes frères ou mes enfants

ils n'ont dans la vie
que cette philosophie

nous avons toute la vie pour nous amuser
nous avons toute la mort pour nous reposer
nous avons toute la vie pour nous amuser
nous avons toute la mort pour nous reposer

s'ils passent parmi vous regardez-les bien vivre
et comme eux soyez fous et comme eux soyez ivres
car leur seule folie c'est vouloir être libres

ils n'ont dans la vie
que cette philosophie

nous avons toute la vie pour nous amuser
nous avons toute la mort pour nous reposer
nous avons toute la vie pour nous amuser
nous avons toute la mort pour nous reposer

ils vieilliront aussi qu'ils restent ce qu'ils sont
des viveurs d'utopie aux étranges façons
des amants des poètes des faiseurs de chansons

ils n'ont dans la vie
que cette philosophie

nous avons toute la vie pour nous amuser
nous avons toute la mort pour nous reposer
nous avons toute la vie pour nous amuser
nous avons toute la mort pour nous reposer

la la la...

GEORGES MOUSTAKI

Georges Moustaki se nomme en réalité Joseph Mustacchi. C'est pourquoi, quand on l'appelle Jo, il s'agit de Jo avec un J et non de Geo avec un G, comme on pourrait le croire.

Tout pourrait partir de cette substitution de lettres, de ce masque subtil glissé comme par hasard entre le monde « in » de l'affiche qu'on affiche et le monde « off » de l'arrière-mur sur lequel elle est collée.

Car s'il fait toujours les choses exprès, il trouve plus esthétique qu'elles aient lieu comme par hasard ; de même, s'il est capable de tout oublier par paresse, il n'oubliera jamais rien par négligence.

Jo n'aurait pas pu supporter très longtemps le fil à la patte du métier de chanteur.

Georges par contre, plus épais, pouvait jouer les naïfs et porter sans rire ce costume un peu neuf qu'exigeait sa fonction.

Georges n'aurait d'ailleurs qu'à se tenir tranquille au sommet de l'iceberg, tandis que Jo se réserverait la partie cachée où il pourrait flâner à l'aise au gré de sa fantaisie.

Improviser, jouer, charmer, désobéir, Jo, c'est l'être même du jeu et de la désobéissance. À tel point que ce prince de la subversion conserve jusque dans son nom les deux premières lettres du Jocker.

Il tire de cette approche ludique qu'il a du monde le regard amusé, indulgent et cruel d'un vieux Chinois.

– Mais il est grec ! hurlent les informés en frappant du pied sur la table et du poing sur la lune.

– Oui, il est grec. Comme il est égyptien, italien, arabe, juif, nomade, sédentaire, infatigable, flâneur, pressé, imprévisible, ponctuel, oriental, parisien, humoriste, philosophe.

Qui d'autre qu'un vieux Chinois pourrait porter en même temps sur sa tête un si large éventail de couvre-chefs... Qui d'autre, je vous le demande, pourrait, harnaché d'une telle coiffure, parcourir le monde à moto, cheveux au vent, le casque glissé sur l'avant-bras comme un sac de dame ?

Homme de sable et de miel, de pain azyme et de fumée, voyageur aux allers sans retour des enfants de l'exil...

Tout spectacle est une cérémonie qui met en présence un artiste et un auditoire dont les rapports (de force, de séduction) sont régis selon un ordre de rites, connus et acceptés, qui relève à la fois du sacré et de l'érotisme.

Les simples qualités du chanteur (bien chanter, bien se tenir, bien jouer de l'instrument dont il s'accompagne) ne suscitent ni l'un, ni l'autre. Rien de sacré dans la seule exécution parfaite d'un numéro, rien d'érotique dans son déroulement.

Le rapport des deux parties est alors d'ordre strictement commercial. D'une part un contrat rempli et sa juste rémunération, d'autre part, le remboursement d'une dette (le prix de la place et le temps perdu) par un travail bien fait. La satisfaction ne naît plus du plaisir de succomber à une séduction mutuelle mais de l'assurance d'en avoir eu, d'en avoir fait pour son argent.

Ce type de spectacle ne suscite que très rarement l'adhésion totale d'un public. Il y a toujours « autre chose ». C'est la proportion de cet « autre chose » (sacré, érotisme) qui rend indispensables ou superflues les qualités du chanteur citées plus haut. (J'excepte la mode qui répond à un système propre.) Pour ce qui te concerne, la proportion est telle que la qualité de l'exécution, le contenu même de certaines chansons, restent étrangers à l'enthousiasme que tu provoques.

Tout ici est sacré, tout est érotique. Et je ne pense pas me tromper en disant que tu es seul à réussir cette performance.

Certains s'en inspirent, mais la volonté qu'ils mettent à « représenter » le sacré, à « faire » de l'érotisme, est si voyante qu'elle demeure sans réponse.

Chez toi, rien d'appuyé, rien d'évident, rien de sûr. Du flou, de l'hésitant, de l'imprécis. On tremble, on palpite, on est troublé. Pourquoi ?

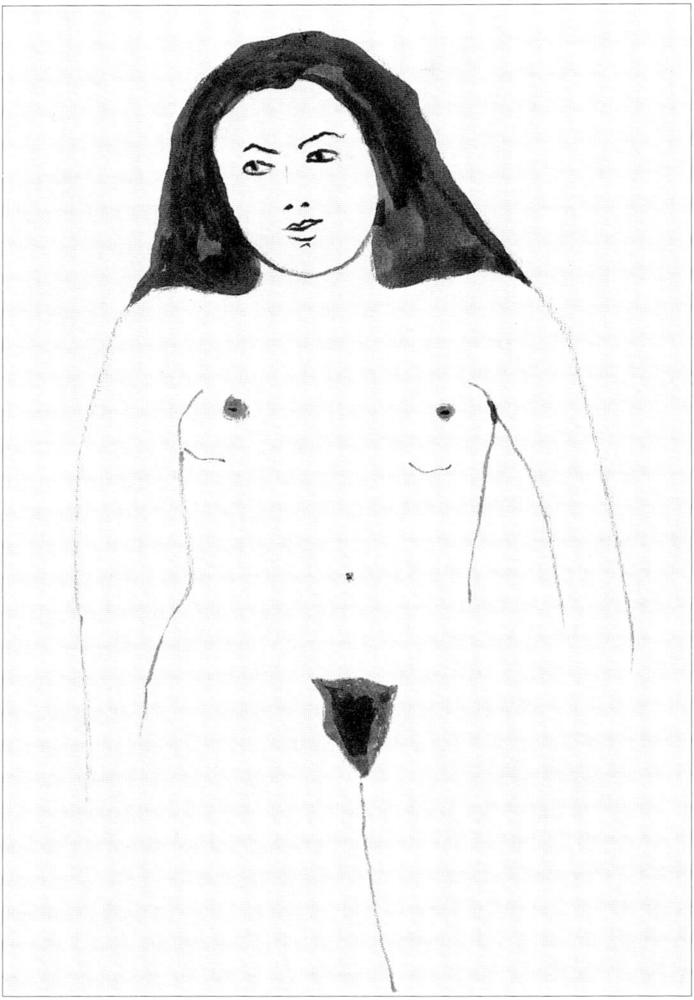

D'abord la gueule. Apparemment impassible, à demi-cachée par la barbe, l'œil tendre mais le regard aigu, le caractère religieux de l'image, qui porte en elle à la fois l'idée d'un Jésus qui aurait traversé les siècles, du sage qui comprend et jamais ne condamne, et de l'homme qui vous fera doucement l'amour sans rire et sans parler. Ensuite, le rythme, la lenteur, les longs préparatifs silencieux, sans urgence, la voix grave, presque blanche par moments, tout cela rappelle étrangement les préliminaires amoureux qui accroissent le désir en retardant l'acte. Et l'acte ici est constamment remis à plus tard, mais à chaque instant chaque geste chaque intonation le laissent entendre.

La force, c'est que précisément, il n'a pas lieu. Pas maintenant, pas tout de suite, une autre fois peut-être. Et l'envoûtement dure. Tu entres dans l'intimité de chacun, on a tous un secret avec toi. Et quand on te regarde un peu plus longtemps, on finit par se dire que, au spectacle comme dans la vie probablement, il se pourrait bien que tous les autres se trompent.

Le fin du fin, c'est peut-être que, quoi qu'on pense de toi, on garde toujours l'ombre d'un doute.

ANDRÉE SIMONS

TABLE DES

EN BALLADES (1)

M A T I È R E S

R E M E R C I E M E N T S

Cette édition intégrale des textes de Georges Moustaki a pu être réalisée grâce aux Éditions musicales qui ont aimablement donné l'autorisation de reproduire les textes dont elles conservent l'entier copyright. Qu'elles en soient ici remerciées, à savoir :

Les Éditions Salabert pour :
– *Milord* (paroles : Georges Moustaki, musique : Marguerite Monod).

Les Nouvelles Éditions Méridian pour :
– *Le facteur* (Sterne der liebe) (paroles originales et musique : Manos Hadjidakis, paroles françaises : Georges Moustaki).
– *La pierre* (I petra) (paroles originales et musique : Manos Hadjidakis, paroles françaises : Georges Moustaki).

MCA Caravelle Music France (catalogue Caravelle) pour :
– *Eden blues* (paroles et musique : Georges Moustaki).

Les Éditions Métropolitaines, 11, rue de Provence, 75009 Paris, pour :
– *Donne du rhum à ton homme* (paroles et musique : Georges Moustaki, copyright 1959).
– *Dire qu'il faudra mourir* (paroles et musique : Georges Moustaki, copyright 1966).

Les Éditions musicales Alpha pour :
- *Je m'appelle Daisy* (paroles et musique : Georges Moustaki, copyright 1964).

Les Éditions BMB pour :
- *Nous sommes deux* (paroles originales et musique : Mikis Theodorakis, paroles françaises : Georges Moustaki).
- *L'homme au cœur blessé* (paroles originales et musique : Mikis Theodorakis, paroles françaises : Georges Moustaki).

Les Éditions musicales Arpège pour :
- *Les orgues de barbarie* (paroles et musique : Georges Moustaki, copyright 1958).

Les Éditions Warner pour :
- *Le métèque* (paroles et musique : Georges Moustaki).
- *Le temps de vivre* (paroles et musique : Georges Moustaki).

Les Éditions EMI pour :
- *La mer m'a donné* (paroles : Georges Moustaki, musique : Joël Couvrigatur).
- *De l'eau, de l'eau* (paroles et musique : Georges Moustaki).

Les Éditions Polygram pour :
- *Nini* (paroles : Georges Moustaki, musique : Joë Rossi).
- *La chanson de Jérôme* (paroles : georges Moustaki, musique : Maxime Leforestier).

CHRISTIAN PIROT

É D I T E U R

13, RUE MAURICE-ADRIEN
37540 SAINT-CYR-SUR-LOIRE
FRANCE

COLLECTION CHANSON

Eugène Bizeau
VERRUES SOCIALES
Préface de Gérard Pierron, dessins d'Allain Leprest. 79 FF.

Eugène Bizeau
CROQUIS DE LA RUE
Préface de Han Ryner, dessins de Delatousche. 79 FF.

Eugène Bizeau
GUERRE À LA GUERRE !
Préface de Robert Brécy, dessins de Cabu. 79 FF.

Gaston Couté
LES MANGEUX D'TERRE
Les meilleurs textes de Couté choisis et présentés par Gaston Coutant et Gérard Pierron. Dessins de Line Sionneau. 96 FF.

Bernard Dimey
SABLE ET CENDRE
Dessins de l'auteur. Préface de Patrice Delbourg. 96 FF.

Bernard Dimey
LE MILIEU DE LA NUIT
Dessins d'Yvette Cathiard. Préface de Francis Couvreux. 96 FF.

Bernard Dimey
JE NE DIRAI PAS TOUT
Dessins d'Yvette Cathiard. Préface de Mouloudji. 96 FF.

Gilles Vigneault
DE LACS EN ÎLES
Préface de Jean-Marie Laclavetine.
Crayons de Jean-Jack Martin. 98 FF.

Gilles Vigneault
DE DUNES EN PORTS
Préface de Claude Duneton.
Crayons de Jean-Jack Martin. 98 FF.

Gilbert Laffaille
LA BALLADE DES PENDULES
Préface de Claude Duneton.
Illustrations de J.I.I. Grandville. 97 FF.

Leny Escudero
L'ARBRE DE VIE 1
Présentation de François Pénigault.
Crayons de Jean-Jack Martin. 98 FF.

Leny Escudero
L'ARBRE DE VIE 2
Présentation de François Pénigault.
Crayons de Jean-Jack Martin. 98 FF.

Georges Moustaki
EN BALLADES 1
Préface de Jerome Charyn.
Dessins de l'auteur. 98 FF.

Georges Moustaki
EN BALLADES 2
Préface de Frédéric Vitoux.
Dessins de Cristina Rubalcava. 98 FF.

Robert Brécy
LA RÉVOLUTION EN CHANTANT
Préface de Michel Vovelle, Directeur de l'Institut d'Histoire de la Révolution Française à l'Université de Paris I. Une œuvre originale et forte : le chant profond de tout un peuple qui découvre la liberté.
Une iconographie incomparable : plus de 200 chansons avec leurs partitions, 300 illustrations d'époque la plupart en couleur. Format 250 x 350, reliure toile, 232 pages. Cet ouvrage a obtenu en 1988, le Prix Littéraire de l'Académie Charles Cros. 375 FF.

Robert Brécy
AUTOUR DE LA MUSE ROUGE
Préface de Maurice Agulhon, Professeur au Collège de France.
" Dans ce groupe de poètes et chansonniers révolutionnaires, on trouvait en 1901 des anciens communards et l'auteur du Temps des cerises *; plus tard Noël-Noël, Jean Villard-Gilles, Pierre Dac, Jacques Prévert et Eugène Bizeau le vigneron, qui est mort en 1989 à 105 ans, alors que des groupes rivaux embauchaient Louis Aragon... Brécy a assemblé des documents introuvables, des notes érudites, des données précieuses, des fac-similés sans nombre.* Mémoire de l'histoire, histoire de la Culture *" (Pierre Enckell,* L'Événement du Jeudi*). Format 220 x 290, 256 pages.* 320 FF.

Pierre Brochon
EUGÈNE POTTIER
Naissance de L'Internationale.
Biographie. En préparation.

Pierre Favre et Christian Pirot
BOURGES, HISTOIRE D'UN PRINTEMPS
10 ans de chanson : l'histoire du plus grand festival d'Europe, le devant de la scène et la coulisse. Nombreuses photos. Couverture de Folon. 99 FF.

Christian Pirot
FRENCH ROCK
Art et avatar du rock français de la préhistoire à la nostalgie (Collectif). Couverture et dessins de Jean-Paul Chambas. 69 FF.

Christian Pirot
LES CHANSONNIERS DU BERRY
Très belle iconographie. Dessins de Bernard Naudin et Line Sionneau. Photos de J.-F. Donny. Rollinat, Rameau, Mac-Nab, Martel, Nigond, Couté, Boncœur, Hénault, Jacques Tati et les autres. Cette saga a obtenu le prix Guy Vanhor. 3 volumes.
Le 1er est épuisé. Les 2 autres sont disponibles, chacun : 96 FF.

Yvette Cathiard
BERNARD DIMEY, LA BLESSURE DE L'OGRE
Récit. Grand Prix de l'Académie Charles Cros (Littérature). 96 FF.

Christophe Deilhes
JOHNNY, L'IDOLE
Un livre écrit par un fan pour les fans. Portraits d'Hallyday peints par Yvette Cathiard. 85 FF.

Joseph Moalic
AVEC FANON
La première biographie consacrée à l'auteur de L'écharpe, La petite juive, *etc. Photographies.* 130 FF.

ACHEVÉ D'IMPRIMER
LE 31 OCTOBRE 1996
À DEUX MILLE CINQ CENTS EXEMPLAIRES
SUR PAPIER SOLIDE ET DURABLE
IMPRESSION EN CARACTÈRES TRÈS LISIBLES
(PLANTIN)

IMPRIMERIE " LA SIMARRE " JOUÉ-LÈS-TOURS
FRANCE

CHRISTIAN PIROT
ÉDITEUR

13, rue Maurice-Adrien
37540 Saint-Cyr-sur-Loire
Dépôt légal : 3e trimestre 1996
ISBN : 2-86808-103-7.
ISSN : 0-764-9088.